卸売業の
経営戦略課題

尾田 寛仁

三恵社

はじめに

　経営の要諦は、決断と実践にあると考えています。経営は、あらゆる場面で決断が求められます。

　ドラッガーは、企業独自の経営使命を遂行していく時に、中心的な役割を果たすのは、マーケティングとイノベーションの二つだと、言っています。

　マーケティングは、顧客は何を買いたいのかを問うことです。顧客に価値を認められる商品やサービスを提供して初めて、売上が得られます。

　イノベーションは、新たな価値を創造することや、既存の価値をより効率的に創るようにすることです。イノベーションは、狭義に技術革新のことだけを言うのではなく、経済活動や経済社会を変えていくことをも意味すると考えています。あえて言えば、理科系や文化系を問わず、双方が協働で取り組む、全社的な経営課題です[1]。

　マーケティングもイノベーションも、実践あってこそ、真価が発揮されます。

　流通に関する本を書こうと思った経緯を書いておきます。最初は、花王に入社した前後に重なりますが、1978年5月に手にした『日本の流通機構』佐藤肇著有斐閣刊にあります。著者（1920年生）の経歴の中に、1950年代はじめに日本NCRで営業を経験、1963年に西武百貨店に勤務、1969年流通産業研究所所長に就任、1972年に東京大学経済学部に招かれて講義、1974年にその内容を本にしたことが書かれていました。高名な森鴎外のように軍医にして小説家は別にして、実業家や実務家で、仕事をしながら、本を書く方がいるのだということを知った最初です。

　次に、印象に残った本は、田村正紀著『日本型流通システム』で、1986年3月に手にしています。その後、2009年5月に、西村順二著『卸売流通動態論─中間流通における仕入と販売の取引連動性─』があります。お二人とも流通に関して緻密に論を展開されています。

　執筆の契機になったのは、宮下正房氏（東京経済大学名誉教授）が書かれた『卸売業復権への条件　卸危機の実像とリテールサポート戦略への挑戦』2010年9月です。卸売経営のイノベーションに関して、五つの提言をされています。
①卸売経営は消費者市場志向に立って、消費者に新しい価値の創造と提供に徹底

すべきです。

②既成のマーチャンダイジング（MD）について総点検し、プライベートブランド（ＰＢ）商品の開発を含めて大胆かつ積極的なMD改革を実行すべきです。

③卸売業は規模を問わず高齢者市場に効果的かつ効率的に対応できるチャネル改革、更にネットチャネルの開発を推進すべきです。

④新たなリテールサポートノウハウの開発と人材開発が急務の課題です。

⑤卸売業が主体となりメーカー、小売業とのコラボレーションによるサプライチェーンの再構築を図ることが重要です。

宮下氏から講演の機会を何度かいただきましたことから、卸売経営について日常業務に携わりながら、再考する時間をいただきました。感謝申し上げます。

さて、卸売業の経営に 2006 年から 2014 年まで携わりました。現況の卸売業の確認と、今後の卸売業の経営戦略のありようをまとめておこうと思っています。

最初に、卸売業経営で出会ったのが、同業他社と同質化競争をしている点です。多くの商品が、他卸売業と同じメーカーの商品を販売しています。根底には、帳合問題[2] があります。同じメーカーの商品を取り扱う限りでは、どこの卸売業から商品を購入しても変わらないだろうとの名目の基に、取引条件次第で帳合の見直しが、頻繁に行われることです。

次に、M＆Aが頻繁に行われております。卸売業も小売業も、上位集中度が高くなってきています。

三つ目が、日米を比較した時に、卸売業として、労働生産性の低さが指摘されています[3]。確かに、卸売業の間接部門は、人に依存した仕組みになっています。業務プロセスを見ますと、製配販の一貫した情報システム化を図れないものかと考えて、改善を進めてきました。営業部門は、メーカーに営業を依存している面があります。小売業との関係では、帳合との関係で、過剰サービスなりがちです。一方で、日米を比較した特に、産業構造や取引形態が大きく違っております。この点は第 5 章補論で検討しております。

四つ目が、小売業に比しても、卸売業は低収益性です。利益率が低いがゆえに、リスクを取れない、あるいは取らない経営のために、将来のための先行投資が少ないように思います。

五つ目が、中間流通の言葉通りではありませんが、消費者に直接接することが
ない為に、消費者に働きかけることが日常の仕事の中に入っておりません。卸売
業も消費者の購買動向に係るマーケティング活動をしています。仕事の取組み方
に課題があり、マーケティング意識が希薄になっていました。卸売業としてマー
ケティング活動を展開していくことになります。

　かつて、林修二氏に代表される問屋不要論がありました。しかし、卸売業は、
社会的に存在価値がある産業です。もし、今の日本に、卸売業がないならば、
多くのメーカーも小売業も、商品の商的流通や物的流通に手を焼いたでしょう。
　同様に、卸売業があるから流通コストが上がるのだとの批判もありますが、
卸売業がなければ、流通コストは、もっと高いものになります。このあたりを
明らかにしておきたいと考えています。
　卸売業が、今後、企業として成り立っていくに当たり、利益を継続的に上げて
いくにはどのような課題があるのか。どのように考えると良いのか。それは、卸
売業としての規模の拡大を目指すことなのか、専門性あるいは独自性なのか。ど
のようにしていくとよいのかを中心に問い直してみたいと考えています。
　その点で、取り扱う主要なテーマを、①卸売業はなぜ低収益なのかをめぐる経
営収支、②市場でのあり方をめぐり消費者視点から見た卸売業のマーケティング
と物流、③企業の独自性を目指して経営戦略にしています。
　本の構成としては、第1章「卸売業の基本」、第2章「現在の経営環境」、第
3章「卸売業の経営課題」、第4章「卸売業のマーケティング」、第5章「卸売
業の物流」、第6章「卸売業の経営戦略」で組み立てています。

　中央物産在職中、取締役や監査役はじめ社員には、大変お世話になりました。
各位からお聴きしたことを思い起こしております。末永い発展を祈念するととも
に、あらためて皆さまに感謝申し上げます。

2016 年 4 月 27 日記

尾田寛仁

注1）イノベーションの参照記事「技術経営と企業③」京都大学教授武石彰、日本経済新聞2014年4月4日

注2）帳合とは、本来の意味は「商取引において発生した商品の売買や代金の支払・回収の有無を帳簿と照合して確かめること」です。実際のビジネスの場面では「特定の店と取引を行う権利（帳合権）」または、「取引を行っている店（帳合店）」を指す言葉として多角的に使用されています。

注3）「日本の非製造業の生産性低迷に関する一考察」株式会社日本政策投資銀行地域企画部レポート2015年7月

注4）参考文献や注釈は、関係した頁や章毎に記載しています。

目次

はじめに

第1章　卸売業の基本・・・・・・・・・・・・・・・・・・・・・・009
　　第1節　卸売業の社会的役割・・・・・・・・・・・・・・・010
　　第2節　流通チャネルでの卸売業の位置・・・・・・・・・・016

第2章　現在の経営環境・・・・・・・・・・・・・・・・・・・・021
　　第1節　日本経済の状況・・・・・・・・・・・・・・・・・022
　　第2節　企業が置かれた構造的な課題・・・・・・・・・・・023
　　第3節　多様な消費者・・・・・・・・・・・・・・・・・・033
　　第4節　小売市場で起きていること・・・・・・・・・・・・037
　　第5節　メーカーで起きていること・・・・・・・・・・・・040
　　第6節　卸売業で起きていること・・・・・・・・・・・・・042
　　第7節　競争状況・・・・・・・・・・・・・・・・・・・・046

第3章　卸売業の経営課題・・・・・・・・・・・・・・・・・・・047
　　第1節　卸売業の経営収支・・・・・・・・・・・・・・・・048
　　第2節　メーカーとの取引制度・・・・・・・・・・・・・・056
　　第3節　経営収支の改善・・・・・・・・・・・・・・・・・065
　　第4節　マージンビジネスからフィービジネスへ・・・・・・069

第4章　卸売業のマーケティング・・・・・・・・・・・・・・・・075
　　第1節　マーケティングとマーチャンダイジング・・・・・・076
　　第2節　マーケティングの基本施策・・・・・・・・・・・・088
　　第3節　インストア・マーケティング・・・・・・・・・・・102
　　第4節　セールス活動・・・・・・・・・・・・・・・・・・118
　　第5節　マネジメントサイクル・・・・・・・・・・・・・・130

第5章　卸売業の物流・・・・・・・・・・・・・・・・・・135
　　第1節　卸売業の物流戦略構築に向かって・・・・・・・136
　　第2節　物流エンジニアリング・・・・・・・・・・・162
　　第3節　物流投資と採算・・・・・・・・・・・・・・168
　　第4節　物流情報システム・・・・・・・・・・・・・177
　　第5節　在庫管理の考え方と在庫的適正化の方法・・・・・・183
　　第6節　オムニチャネル化への物流システム・・・・・・・・190

第5章補論「物流における労働力問題と卸売業をモデルにした物流生産性
　　　　　向上に関して」
　　第1節　人口構造の変化と労働力不足・・・・・・・・・195
　　第2節　日米の生産性比較から見た労働力・・・・・・・・・197
　　第3節　日用品業界に見る製・配・販の生産性課題・・・・・・・199
　　第4節　企業と企業間の課題・・・・・・・・・・・・・・206

第6章　卸売業の経営戦略・・・・・・・・・・・・・・・223
　　第1節　利益の考え方・・・・・・・・・・・・・・・224
　　第2節　経営戦略の選択・・・・・・・・・・・・・・227
　　第3節　経営戦略の組立・・・・・・・・・・・・・・237
　　第4節　自社商品開発・・・・・・・・・・・・・・・240
　　第5節　リテールサポート・・・・・・・・・・・・・243
　　第6節　機能の事業化・・・・・・・・・・・・・・・254
　　第7節　共同配送物流・・・・・・・・・・・・・・・256

8

第1章
卸売業の基本

第1章　卸売業の基本

第1節　卸売業の社会的役割

1．卸売業は社会に役立っています

　卸売業は、原材料メーカーから消費者に至るサプライチェーンの中で、際立った特徴があります。卸売業は、サプライチェーンの中で中間に位置し、メーカーに代わって商品を統合して「**品揃え**」し、小売業が必要とする商品の商的流通（商流）と、物的流通（物流）を担っています（図1-1）。その意味において、卸売業の機能は、社会的に有用ですし、他の産業には替えがたい「**統合的な機能**」を提供しています。

　統合的な機能としては、具体的には、商流、物流、情流、金流の4大機能があります（図1-2）。

　商流（商的流通）は、仕入と販売の売買に伴うメーカーと小売業との商談機能、品揃え機能、売場提案機能、販促提案機能等です。

　メーカーの販売代行として、小売業に商品の売買機能を果しています。この機能には、商品の配荷とともに、商品の継続的な補充があります。

　小売業の購買代行として、商品をメーカーより購入し、カテゴリー単位に品揃え（商品構成）し、売場作りの提案を行っています。

　物流（物的流通）は、メーカーと小売業の間の仕入・入荷機能、在庫機能、受発注機能、出荷・納品機能です。

　情流（情報流）は、メーカーから小売業に亘る情報収集・提案・伝達機能です。

　金流（金融流）は、メーカーと小売業の取引に伴う金融機能です。

　その他に、小売店頭サポート機能や、卸売業独自の商品開発機能等があります（図1-3）。

　卸売業が、商品の商流と物流において果たしている「品揃えする商品」と「諸機能の統合的提供」は、卸売業の本質的機能と考えております。その点では、メーカーが独自の商品を生み出していく生産機能や、小売店の店舗販売機能とは異なっています。

第1節　卸売業の社会的役割

　卸売業は、「品揃え」や「統合的機能」を経済的合理的に遂行しており、産業界の中でロー・コスト・オペレーションを果たしています。
　卸売業は、商品が消費者の手に渡るように、4大機能という無形の資産を経営しているのです。
　これらの機能が企業毎に独自性があるかどうか、競争力があるのかが、今日、問われています。

<図1-1. 日用品のサプライチェーンと卸売業の位置>

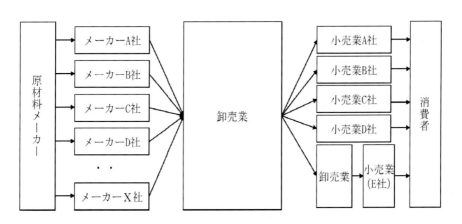

<図1-2. 物流の4大機能>

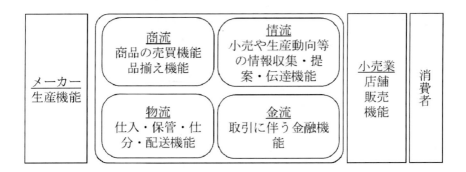

第1章　卸売業の基本

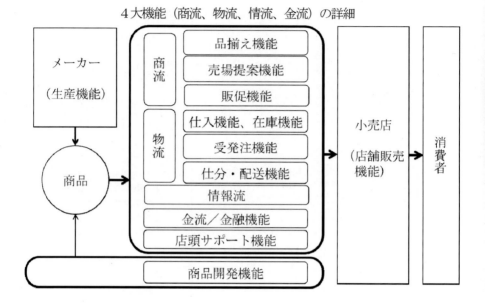

<図1-3. 卸売業の諸機能>

2．取引総数単純化の原理

　卸売業の諸機能を別の言い方をすれば、商品の集積（仕入）と分散（販売）です。この機能の合理性をいう時に使われるのが取引総数単純化の原理です。「**取引総数単純化の原理**」とは、生産者と消費者間で、直接取引が行われるよりも、商業者（卸売業、小売業）が両者間に介在し、あらゆる取引がこうした商業者を介して行われる方が、社会的な取引数は少なくなり、結果的に流通コストが節減されることです。したがって、この原理では、取引総回数は少ない方が、生産性が高く、効率がよいことになります。卸売業を介した取引と、メーカーと小売業が直接取引時を比較してみます（図1-4）。

　モデルでは、メーカーが卸売業を介すると取引回数は7回です。メーカーが小売業と直接取引した時は12回になります。取引回数が明らかに違うことが分かります。

第1節　卸売業の社会的役割

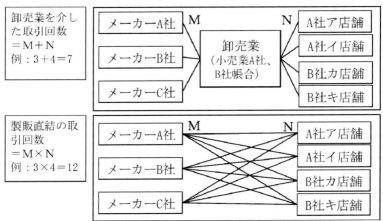

　流通は、1対1の関係ではなく、複数対複数なのです[1]。一般的に、流通を、メーカー→卸売業→小売業と表現します。この構造ですと、費用が各段階で乗っていくように表現されます（図1-5）。

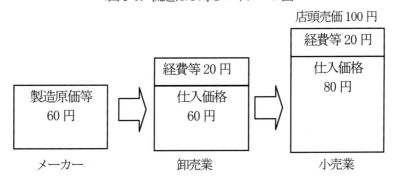

　日本には多くの消費財メーカーがあり、卸売業によってはメーカー1,300社と取引されています。小売業は全国に78万事業所があります（2014年速報、経済

注1）『問屋無用論から半世紀　これが世界に誇る日本の流通インフラの実力だ』玉生弘昌著　国際商業出版株式会社　平成25年6月

13

第1章　卸売業の基本

産業省）。実際の流通は、複数対複数で取引が行われています。複数対複数で取引していることを、モデルを使って比較してみます（図1-6）。

<図1-6．流通は複数対複数のイメージ図と流通コスト>

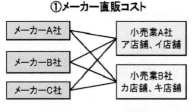
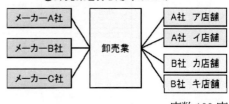

①メーカーと小売業との間の
コストを500円としますと、
500円×100店＝50,000円

②メーカーと卸売業の間を10,000円、
卸売業と店舗間を100円としますと
10,000円＋100円×100店＝20,000円

　モデル（上図）では、メーカーが小売業と直接取引をしますと、50,000円、卸売業を介すると、20,000円になりますので、卸売業の方が安くなります。その結果として、現在の製・配・販の活動にかかる費用が設定されています（図1-5）。ここが大事なことです。かかっている費用だけを取り出して、コストが高いことや低いことを論じても、詮無いことです。取引総数単純化の構造があって、次に、製・配・販の機能が決まり、費用が発生しているのです。

　なお、流通コストの節減は、既述した取引総数単純化の原理の他に、情報収縮・斉合の原理、集中貯蔵の原理、規模の経済性の原理などがあります[1]。
　情報収縮・斉合の原理は、商業者が生産者と消費者の間に介在し、消費者のニーズや欲求を充足するような財を複数の生産者から取り揃えることで、商業者において、生産者の事情に関する情報と消費者の事情に関する情報の双方が縮約され、なおかつ、それらが斉合されることで取引が促進され、結果的に流通コストが節減されることです。
　集中貯蔵の原理は、社会的な総在庫量は、生産者と消費者の間で直接取引が行

注1）「卸売業類型化について」井戸大輔著『Sano College』

われるよりも、商業者が生産者と消費者の間に介在し、集中的に在庫する方が少なくなり、結果的に流通コストが節減されることです。不確実性プールの原理と呼ばれることもあります。

今後、メーカーとチェーンストアを中心にした小売業がともに事業拡大し、相互の取引規模が拡大していくと、単独店舗数が減少することが予想されます。特に小売業各社は自前の物流センターを構築しています。そうしますと、設例で設定したメーカーと小売店舗間のコストが、200円以下（200円×100店舗＝20,000円）に低廉化する可能性が出てきます。かつてアメリカで1930年代に起きたようなメーカーと小売業の直接取引が考えられます。

3．ストラクチュアル・ホール

　卸売業は構造的なネットワークの結節点に位置します。ストラクチュアル・ホール（構造的な隙間）を多く持つ人（企業、産業）は、ネットワーク上に流れる情報や知識をコントロールすることができます。
　最近は規制緩和や情報技術の導入もあって、メーカーが卸を経由せずに、小売と直接取引をしています。また、ネットワークを介して、遠くにいる売り手と買い手が、直接取引することがあります。
　卸売業が、従来から持っていた人的ネットワークの強さを見直す時代になっています。

<図1-7．ストラクチュアル・ホールのイメージ図>

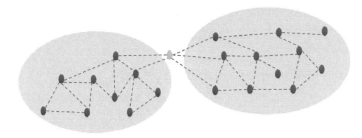

第1章　卸売業の基本

第2節　流通チャネルでの卸売業の位置

1．日用品業界の流通チャネル

1）流通チャネル

　　流通チャネルは、企業の戦略上競争優位を構築する点で、極めて大きな意味を持ちます。その主な機能は、売り手（メーカー）の商品を効率的に市場（消費者、ユーザー）に届けるとともに、市場からの情報を効率的に収集することにあります。

2）流通チャネルの種類

　　流通チャネルは、その参加者や構造によって、いくつかのパターンに分類されます。

①自社組織と外部組織

　自社組織は、自社の従業員で構成される営業組織です。

　自社販売組織は、ユーザーに直接販売する場合と、外部の流通業者に販売する場合があります。

　外部の流通業者（代理店、ディーラー、小売店）は、自社商品のみならず、他の複数企業の商品を再販しています。

②流通チャネルの段階数

　流通チャネルの段階数には、何段階のチャネルにまたがることがあります。

　生産者から消費者に直接、商品が渡るゼロ段階のチャネルがあります。例としては、訪販や通販です。

　生産者と小売業とが、直接取引をするが、1段階チャネルです。

　卸売業が入ることによって、2段階チャネルや3段階チャネル（二次卸）になります（図1-8）。

第2節　流通チャネルでの卸売業の位置

<図1-8. 流通チャネルの段階数>

ゼロ段階チャネル	生産者				消費者	訪販、通販
1段階チャネル	生産者			小売業者	消費者	
2段階チャネル	生産者	卸売業者		小売業者	消費者	
3段階チャネル	生産者	卸売業者	二次卸	小売業者	消費者	

3）日用品業界の流通チャネルの代表例

　日用品業界は、通常、2段階または3段階の流通チャネルを採用しています。代表的には、2種類あります。

①代理店制度を取るメーカーとして、ライオン、P＆G、リーバ等です。

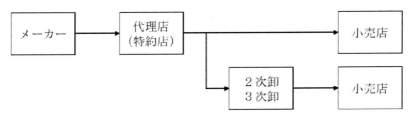

<図1-9. 流通チャネルの例①>

②販社制度を採用しているのは、花王、資生堂（制度化粧品）等です。

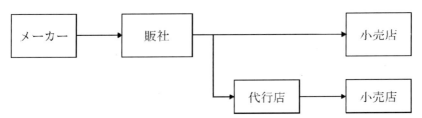

<図1-10. 流通チャネルの例②>

17

第1章　卸売業の基本

２．流通チャネルの幅

　メーカーの流通チャネルの基本政策は、流通チャネルの各段階で使う流通業者の種類と数、即ち「流通チャネルの幅」を決めます。但し、メーカーが、商品によって、「流通チャネルの幅」を変えてきているケースがあります。

①開放的流通政策は、自社商品の販売先を限定せずに、広範囲にわたるすべての販売先に対して、開放的に流通させる政策です。大量販売します最寄り品に多く採用されています。

②選択的流通政策は、販売力や資金力、メーカーへの協力度合い、競合製品の割合、立地条件などでの一定の基準を用いて選定した流通業者に優先的に販売させる政策です。

③排他的流通政策は、特定の地域や商品の販売先を代理店あるいは特約店として選定し、独占販売権を与えるかわりに、時には競合他社製品の取扱いを禁じる政策です。

３．医薬品と日用品の卸売業の例

　医薬品と日用品に関する卸売業にどのような企業があるのか、日経ＭＪに記載されています医薬品卸売業と日用品卸売業の売上高ランキング（2014年3月期決算ベース）を掲載します（表1-1次頁）。

　医薬品卸売業と日用品卸売業ともに、上位に売上が集中してきています。

　日用品卸売業に限ってみましても、上位2社（ＰＡＬＴＡＣ、あらた）で、卸売業上位49社の売上高2兆3,548億円の内、63％を占めております。

注．流通チャネルに関して参考にしたのは、『新版ＭＢＡマーケティング』グロービス・マネジメント・インスティテューション編著ダイヤモンド社 2007年3月です。
また、『流通チャネルの転換戦略－チャネル・スチュワードシップの基本と導入』V.カストゥーリ・ランガン著　小川孔輔監訳ダイヤモンド社2013年3月が参考になります。

第2節　流通チャネルでの卸売業の位置

<表1-1.　医薬品と日用品卸売業の売上高順>

順位	社名	連単	売上高 (億円)	伸び率 (%)	経常利益 (億円)	経常伸び 率 (%)	粗利率 (%)	業種 分類
1	メディパルHD	連	2兆9,478	4.9	498	25.6	7.1	薬
2	アルフレッサHD	連	2兆5,045	4.9	446	38.0	6.8	薬
3	スズケン	連	1兆9,882	4.9	353	28.5	9.4	薬
4	東邦HD	連	1兆1,896	4.3	183	△6.5	8.8	薬
5	Ｐａｌｔａｃ		8,319	5.9	158	6.0	10.6	日
6	あらた	連	6,520	5.8	44	21.7	10.2	日
7	バイタルKSK・HD	連	5,647	3.1	66	7.3	7.4	薬
8	フォレスト	連	4,283	3.4	57	2.8	8.4	薬
9	中北薬品		2,232	3.8	-	-	-	薬
10	ほくやく・竹山HD		2,145	4.5	31	12.4	7.7	薬
11	大木	連	1,863	10.8	17	33.9	10.2	薬
12	フジモトHD	連	1,849	7.2	7	685.7	-	日
13	中央物産	連	1,367	5.9	13	△15.3	10.9	日
14	富田薬品		1,234	2.9	29	△25.2	7.8	薬
15	モロオ		1,188	5.1	14	42.7	5.4	薬

<表1-2.　日用品卸売業の売上高順（2014年3月期決算ベース）>

順位	社名	連単	売上高 (億円)	伸び率 (%)	経常利益 (億円)	経常伸び 率 (%)	粗利率 (%)
1	Ｐａｌｔａｃ		8,319	5.9	158	6.0	10.6
2	あらた	連	6,520	5.8	44	21.7	10.2
3	フジモトHD	連	1,849	7.2	7	685.7	-
4	中央物産	連	1,367	5.9	13	△15.3	10.9
5	井田両国堂		1,008	2.9	-	-	-
6	広島共和物産		690	△0.9	-	-	-
7	東京堂		619	△0.6	-	-	-
8	東流社		476	3.8	-	-	-
9	森川産業		425	2.4	-	-	-
10	ハリマ共和物産	連	396	8.2	17	0.6	13.4
11	小津産業	連	390	10.4	4	△13.6	-
12	川本産業		309	3.2	1	△80.0	18.4
順位13～49の計			1,180				
計			2兆3,548				

第1章　卸売業の基本

第2章
現在の経営環境

第 2 章　現在の経営環境

第 1 節　日本経済の状況

　日本は経済的に成熟しています。経済成長は、経済活動に投入される「労働」と「資本」の量、及びそれらをどう活用するのかという様々な「技術」で決まります[1]。即ち、

　　経済成長率＝労働力の増加率＋資本ストックの増加率＋技術進捗率

と表せます。

・労働力の増加率は、労働力がどれだけ増えたか、労働人口と労働時間で決まります。

・資本ストックの増加率は、貯蓄率で決まります。

・技術進捗率は、技術水準の改善度合い（全要素生産性）によります。

　技術進捗率でいう全要素生産性（Total Factor Productivity, TFP と略す）は技術革新・規模の経済性・経営の革新・労働能力の伸長などで引き起こされる「広義の技術進歩」を表す指標とされており、以下の計算式で表せます（Y：GDP、A：全要素生産性、L：労働、K：資本）[2]。

$\log_e Y(t) = \log_e A(t) + \alpha \log_e L(t) + \beta \log_e K(t)$

　　（α は労働分配率、β は資本分配率、$0 < \alpha < 1$、$0 < \beta < 1$、$\alpha + \beta = 1$）

　経済成長の大前提となる「労働」「資本」という二つの経済要素の双方が、2000 年以降、ともに下降傾向に入っています。この事実から導き出せるのは**「技術」のイノベーション**がよほど大きな改善を示さない限り、日本経済は成長することはできないことを物語っています。

注1)　『成熟日本への進路』波頭亮著　ちくま新書 2010 年 9 月 20 日

注2)　「日本の非製造業の生産性低迷に関する一考察」株式会社日本政策投資銀行地域企画部レポート 2015 年 7 月

第2節　企業が置かれた構造的な課題

1．人口／少子・高齢化

　人口は、2010年に1億2,708万人でしたが、2050年予測では9,708万人と3,000万人減少します。2010年と2050年を年代別に比較しますと、年少人口は1,680万人から741万人減少、生産年齢人口は8,103万人から3,102万人減少します。65歳以上の老年人口は2010年2,925万人でしたが、2050年には3,768万人と843万人増加しています。確かに出生率の低下により子供の数が減る一方で、65歳以上の高齢者の割合が高まっています。いわゆる、少子・高齢化です。

　少子化と高齢化とは無関係な概念ですし、分析に当たっては、少子化と高齢化を分けて考察する必要があります。

　高齢化は、一般には、高齢化率が7%－14%、14%－21%、21%以上を、それぞれ、高齢化社会、高齢社会、超高齢社会と呼んでいます。日本では、すでに2007年に21.5%で超高齢社会になっています。2013年には国民の4人に1人が高齢者という人類社会に前例がない速さで高齢化が進んでいます。2050年頃の高齢化率は、38%台と予測されます。

<表2-1.　日本の人口推移>

	2010年	2015年	2020年	2025年	2030年	2035年	2040年	2045年	2050年	対2010年比
計(万人)	12,708	12,660	12,410	12,065	11,662	11,213	10,728	10,221	9,708	△3,000万人
0-14歳	1,680	1,583	1,457	1,324	1,204	1,129	1,073	,012	939	△ 741万人
15-64歳	8,103	7,682	7,341	7,084	6,773	6,343	5,787	5,353	5,001	△3,102万人
65歳以上	2,925	3,395	3,612	3,657	3,685	3,741	3,868	3,856	3,768	843万人

出所：国立社会保障・人口問題研究所。2015年から2050年までの人口予測は、「日本の将来推計人口（平成24年1月推計）」総人口、年齢3区分（0-14歳年少人口、15-64歳生産年齢人口、65歳以上老年人口）別人口、及び年齢構造係数：出生中位（死亡中位）推計

第2章　現在の経営環境

　一方で、単身世帯の総世帯数が1980年の34百万世帯から2010年には約52百万世帯と約18百万世帯増加しています。ところが、1世帯当たりの人数は、1980年3.33人から2010年2.42人と減少しています。単独世帯の構成比は、類別割合の中でもトップの32%になりました（表2-2）。かつてマーケティングする時に標準とされていました「夫婦と2人の子供」という世帯は多数ではなくなっています。

<表2-2. 世帯数、1世帯別員数と類型別割合>

年次	総数	1世帯当り人員	親族世帯						非親族世帯	単独世帯
			核家族世帯					その他の親族世帯		
			夫婦のみ	夫婦と子供	男親と子供	女親と子供				
1980年	34,106千世帯	3.33人	13.08%	44.22%	0.87%	5.15%	20.71%	0.18%	15.80%
2010年	51,842千世帯	2.42人	19.76	27.85%	1.28%	7.44%	10.24%	0.88%	32.38%

出所：総務省「国勢調査」

2．IT

　IT（information technology）は、多くの分野で産業の姿を変えてきております。伝統的な人に依存する企業経営スタイルから、ITをベースにした企業になることを志向したほうがよいでしょう。

　現実に、IoT（internet of things）、ビッグデータ、AI（artificial intelligence）が一体になって人々の暮らしやビジネスを変えつつあります。

1）ID-POS

　小売業界では、従来のPOSから、ID-POS化になっています。ID-POSは、カード会員情報等により顧客情報（性別、年代等）を付加したPOSになってきています。顧客単位に購買履歴がわかります。従来のPOSとID-POSの違いは、表2-3のようになります。

第２節　企業が置かれた構造的な課題

＜表2-3.　ＰＯＳとＩＤ-ＰＯＳの違い＞

従来の ＰＯＳデータ	何（商品）が、 　　いつ、どこで、どれだけ売れたか？
ＩＤ付き ＰＯＳデータ	誰が、何（商品）を、 　　いつ、どこで、どれだけ購入したか？

　ＩＤ‐ＰＯＳを活用して、フリークエント・ショッパーズ・プログラム（Frequent Shoppers Program、ＦＳＰ）に取り組んでいる企業は、品揃え、売場作り、販促に活用しています。

　フリークエント・ショッパーズ・プログラム（ＦＳＰ）は、ポイントカード等の顧客カードを発行して、顧客一人ひとりの購買データを捉えます。顧客を購買金額や来店頻度によって選別します。顧客のセグメント別にサービスや特典を変えることによって、個々の顧客に最も適したサービスを提供します。加えて、効率的な販売戦略を展開して、優良固定客の維持・拡大を図っています。フリークエント・ショッパーズ・プログラムには、表2-4にありますように様々な分析手法が、開発されています。

　ＩＤ-ＰＯＳを活用した品揃えの決定手法の例示としては、

①ＡＢＣ分析をして、Ｃランクの商品の中で、顧客の上位１０％（デシル１）が支持する商品は継続します。

②上位３０％（デシル１～３）のＰＯＳデータを抽出し、優良顧客の特徴を把握し棚割り（商品グループ、スペース配置・配分）をします。

③バスケット分析（同時購買分析[1]）により、クロスマーチャンダイジング[2]売場を作ります。事例としては、フルーツワインとフルーツの同時購買が高いことから、フルーツ売場にフルーツワインをクロスMD展開するなどです。

注1）バスケット分析は、「よく一緒に買われる商品」を見つけるためのデータ分析です

注2）クロスマーチャンダイジング（cross merchandisinng）：店内では、商品が品種別にグルーピング（カテゴライズ）されて陳列配置されていますので、その関連商品群は別のグループとなり、目に触れにくい状態です。そのような問題から消費者の生活シーンから発想して、生活の場（食事を作る、食事をする、家族団らん等）で商品をくくり、購買を刺激するマーチャンダイジングの手法です。

25

第2章　現在の経営環境

<表2-4. フリークエント・ショッパーズ・プログラム（ＦＳＰ）>

分析手法	小売業の購買顧客の区分方法	例
1.デシル分析	・顧客を購買金額の多い順に並べる方法。一般的には顧客の一定期間の購買金額に応じて顧客を10％毎10等分（デシル1～10）に区分します。	売上上位30%（デシル1－3）に属する顧客
2.閾値分析	・顧客の一定期間の購買金額の絶対値によって区分　します	月3万円以上購買する顧客
3.ＲＦＭ分析	・顧客の来店頻度を、直近購買日（Ｒｅｃｅｎｃｙ）、一定期間購買回数（Ｆｒｅｑｕｅｎｃｙ）、一定期間の購買金額（Ｍｏｎｅｔａｒｙ）の3つのウニィト付き得点で区分します。	直近来店し、かつ来店頻度が多く、購買頻度が高い顧客
4.ライフスタイル分析	・顧客の購買頻度から、顧客のライフスタイルを類推して区分　します。	健康食品を多く購買する顧客を健康志向の顧客として区分

　ＦＳＰ導入企業と、非導入企業の違いは、顧客へのアプローチの仕方が、変わります。ＦＳＰによって、顧客に対して、より適切に品揃えや販促を打てるようになります。

<表2-5. ＦＳＰ導入小売業と非導入小売業の違い>

実施プロセス		ＦＳＰ非導入企業	ＦＳＰ導入企業
顧客インサイト		ＰＯＳデータ（何が、いつ、どこで、どれだけ売れたか）	ＩＤ－ＰＯＳデータ（誰が、何を、いつ、どこで、どれだけ購買したか）
業務プロセス		ＰＯＳデータにもとづいたＭＤの意思決定	顧客の購買履歴（ＩＤ－ＰＯＳ）によるターゲッタブルなＭＤの意思決定
ソリューション	品揃え	ＡＢＣ分析による売れ筋、カット商品の把握	優良顧客のための品揃え
	新商品の導入	導入初期の売上から、維持・カットの判断	トライアル率、リピート率による維持・カットの判断
	販売促進	チラシ、特売、大量陳列、	ＤＭ、レジ・クーポンなどのターゲットを絞った販促
	評価	ＰＯＳデータによるベースライン分析	ＩＤ－ＰＯＳデータによる顧客分析

第2節　企業が置かれた構造的な課題

2）ビッグデータ

（1）ビッグデータとは

　ビッグデータは、新聞の朝刊10万年分に相当する数百テラバイト[1]以上の膨大なデータです。しかも、構造化されていないデータも含まれており、既存のプログラムでは処理できないような巨大かつ複雑なデータです。データが巨大であることは、サンプルではなく、**全体を見渡した分析**が可能です。したがって、仮説や先入観に縛られずに、相関関係やセグメンテーションから「何か」を発見しなければなりません。データ分析者の仮説や目のつけどころが勝負になります。それと同時に、経営者のビッグデータへのセンスの戦いにもなります。

　企業のPOSデータや顧客情報のほか、最近は交流サイト（SNS：social networking service）上の書き込みなど、インターネット上で個人が発する情報が急増しています。最新技術を用いて解析することで、消費行動などの予測に役立つと期待されています。ビッグデータから個を掴む、購入前の顧客動向を検知して、データから「未来を予測する」ことに活用され始めています。

　グーグル、アマゾン、フェイスブック、ツイッターといった、現在のインターネット業界を席巻する企業の成功要因には、共通項があります。それは「**データ分析**」です。企業が日々蓄積し、分析している膨大なデータ、即ち「ビッグデータ」を活用していることです。

　アマゾンは、商品の購買履歴や閲覧履歴といったユーザーに関する膨大な行動履歴データを分析し、行動履歴の類似したほかのユーザーの購買履歴と照らし合わせて適切な商品を推奨します。即ち、「この商品を買った人は、こんな商品も買っています」という商品の"レコメンデーション・システム"です。

注1）バイトの単位

キロバイト	10^3	1千
メガ	10^6	100万
ギガ	10^9	10億
テラ	10^{12}	1兆
ペタ	10^{15}	1,000兆
エクサ	10^{18}	100京
ゼタ	10^{21}	10垓

第2章　現在の経営環境

　消費データの重要性は、**消費インテリジェンス**に代表されます（図2-1）が、ビッグデータを総合的にどのように活かすかという消費者理解の総合力が問われます。**消費インテリジェンス**は、図2-1にありますように、まず、縦軸の「消費構造の変化による必要性」で考えます。つまり、自社商品に関する消費者の行動のみならず、自社が提供していないジャンルの商品やサービスに関する消費行動を捉えることになります。ライフスタイル全体から**生活者**として捉えることになります。

　次に、横軸の「ビッグデータによる可能性拡大」を検討します。即ち、サンプルデータや構造化されたデータのみならず、非構造化データ[1]を含めたオールデータで見るようにします。ビッグデータの活用で大事なこと[2]は、大切な「1」をしまい込むのではなく、「1」と「1」を持ち寄り、未知の「3」や「4」を導く試行錯誤に他なりません。すでに部門と部門といった組み合わせだけではなく、会社と会社、国と国を超え、もっと大きな「1」と「1」から答えを見つけることができる時代に足を踏み入れています。

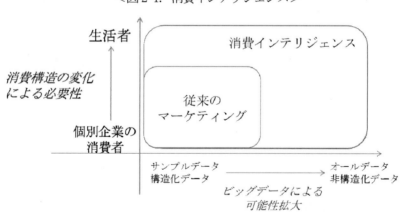

＜図2-1. 消費インテリジェンス＞

注1）非構造化データは、29頁参照。
注2）『ザ・チェンジ・メイカー』齋藤ウィリアム浩幸著　日本経済新聞出版社

（2）ＢＩ（business intelligence）との違い

ビッグデータは、従来の"ＢＩ（business intelligence）"と何が違うのでしょうか。世界最大の小売業"ウォルマート"を持ち出すまでもなく、大量データの分析で業績を向上させているのは、ネット企業に限ったことではありません

従来からも、売上や在庫データ等のトランザクションデータを分析するＢＩ（ビジネス・インテリジェンス）は、存在していました。

ビッグデータの中心になっているのは、数値データ等の**構造化されたデータ**だけではなく、構造化されていないデータ（**非構造化データ**と呼ぶ）もです。即ち、ウェブ（web）のクリックストリームデータ、ソーシャルデータ、センサーデータ等の、従来からのリレーショナル・データベースに収まらないデータです。

大量データの管理や処理等の新しい技術の担い手が、ウォルマートやシティバンクといった大企業から、ウェブ企業やソーシャルメディア企業に移りました。データ量の違いで言えば、フェイスブックの30ペタバイト（30×10^{15}）に対してウォルマートは、2.5ペタバイト（2.5×10^{15}）です。

扱うデータの多様性と、データの発生頻度の面でも学ぶべき点があります。対象になりますデータとしては、次のようなデータがあります。

- ウェブのクリックストリームデータ
- ソーシャルメディア上のテキスト
- 人と人とのつながり（フェイスブック）
- センサーデータ（センサーネットワーク／自動販売機、公共バスや自動車の運行管理システム、GPS機能搭載のスマートフォン、Suica等の交通系ICカード等）

（3）ビッグデータから個をつかむ

企業が必要とする情報は、**「過去から現在に何が起きたか」**から**「これから何が起こるか」**に移っています。ビッグデータは、購入前の「個」の顧客動向を検知し、データから未来を予測することに活用され始めています。

米国の事例[1]では、2012年1月スーパー「ターゲット」が発行したクーポンの

第2章　現在の経営環境

波紋が有名です。ミネソタ州に住む女子高校生に、ターゲット社は、揺籃とベビー服のクーポンを送りました。それを見た父親は、店に抗議しました。ターゲット社は女子高校生の購入履歴 から、妊娠中の女性特有の購買行動を読み取りました。例えば、妊娠初期の女性は、カルシウム、マグネシウム等のサプリメントを、中期には無香料のローションを購入する傾向があります。購買行動 の「予測モデル」から、女子高校生が妊娠中であり、出産予定日迄推定し、クーポンを送りました。その後、娘の妊娠は事実であることが、父親にわかりました。

注1）事例の出所『売れる仕組み集客の秘密』「週刊ダイヤモンド 2013/02/16」

（4）ビッグデータを生かすインフラ整備が要

　アマゾン社の真の凄みは、"レコメンデーション・システム"のようにお薦め商品を見つけてくる技術だけにあるのでありません。的確にお薦め商品を提示し、晴れてユーザーがクリックしてくれて、納品することです。つまり、「品揃え」と「納期の確約」があってこそ、消費者に満足を与えられるのです。

　そのために、アマゾン社は、自前の倉庫に投資し、確実な配送体制を構築しているのです。

（5）ＩＴに対する基本的な考え方

　ＩｏＴ（internet of things　モノのインターネット）、ビッグデータ、ＡＩ（artificial intelligence　人工知能）等に関連したＩＴ技術の進歩は目まぐるしいものがあります。

　ＩｏＴは、身の回りにあるモノにセンサーが組み込まれて、直接インターネットにつながる世界です。従来のインターネットは、ヒトがＩＴ機器を介してインターネットにつながる世界でした。ＩｏＴは、1企業内だけの閉じた世界から企業間をまたがって広がっていきます。

　ＩＴは、膨大なデータ（かつてはデータベース、今日的には**ビッグデータ**）を蓄積するだけでは、何も生まれません。事実をどのように読ませるのかにあります。ＡＩにおける学習機能（ディープラーニング等）の開発もその点がみそです。ディープラーニング（深層学習）というアルゴリズムは大量のデータから自動で特徴を探します。例えば、2016 年 3 月にありました囲碁でプロ棋士 9 段（韓国）

第2節　企業が置かれた構造的な課題

と米国グーグル社のＡＩ「アルファ碁」との対戦がよい例でしょう。

　ＡＩは、現在のレベルでは万能ではありません。1960年代のＡＩ第一次ブームの時に「推論」や「探索」が実現しました。その後、解きたい問題を探索・推論問題として記述するのが困難だと判明しました。

　1980年代には「エキスパートシステム」が、知識を基に問題を解くことを実現しました。産業界の専門家（エキスパート）が蓄えた専門知識やノウハウをルール化してコンピュータに移植したからです。しかし、私たちが生きている現実の世界は、無数の例外や微妙なニュアンスにあふれています。人間ならそれらを柔軟に対処して、問題を解決していけます。人の常識を教えることの難しさに直面し超えることができませんでした。ルールに従うＡＩ（エキスパートシステム、又は記号処理型ＡＩ）では対応しきれないのです。

　2010年代になって喧伝されているディープラーニングの特徴は、脳科学の成果を取り入れて、人間と同じような認識や理解の仕方に近づいていることです。この技術は、今後、ロボットにも搭載されて、人間のように外界を認識し、器用に動くことできる次世代ロボットの誕生を促すでしょう。

　ＡＩには、深層学習だけでなく、様々な技術があります。データに応じて様々な技術を使い分ける知恵が必要でしょう。ＡＩによる予測システムに適したアルゴリズムもあります。

　多彩なデータを解析することで、物事の因果関係や相関関係などが明らかになり、個々の消費者に向けた精度の高いターゲティング広告や、新しい商品開発になるでしょう。マーケティングの手法が消費者の「個」に対応するように変わってきています。

　仮設を立て、その結論に適合する例を探して、証拠があるではないかという仮説検証型のやり方があります。膨大なデータ（事実）を使って、仮説を検証することができます。理路整然とした答えまで導きます。

　次に、仮説検証型のように、事実がその通りに運んだと考えると、危険なことがあります。仮説が正しいかどうかを検証する唯一の方法は、現実に世の中がどのように動いているのか、事実だけを集めて（収集・蓄積）、事実をどのように読むのかにあります。

　未来は、我々が形成できるのです。我々がどのように努力し行動するかで、明日の姿を変えることができます。産業界は、ＩｏＴ、ビッグデータ、人工知能（ＡＩ）を中心に変わっていきます。産業界における新潮流とビッグデータ等の関係を一覧にしておきます（図2-2）。

31

第2章　現在の経営環境

<図2-2.　ＩＯＴ・ビッグデータ・ＡＩと産業界の関係>

業種	製造	流通	輸送	金融	医療
データ取得	ＩｏＴ等 (センサー、ウエアラブルデバイス、ポイントカード、スマホアプリ等)				
データ	ビッグデータ				
分析	人工知能（ＡＩ）等による分析手法				
業界構造を変える動向	インダストリー4.0	オムニチャネル	自動運転	Fintech	遺伝子検査、データヘルス計画

出所「ビッグデータがあらゆる産業を変えていく」杉本明彦著『顧客を掴むためのマーケティング・セールス戦略とデータ活用』2015 年 7 月、一部筆者編集

参考文献

『ビッグデータの衝撃』城田真琴著 東洋経済新報社 2012 年 8 月

『ソフトバンク新書 データサイエンティスト データ分析で会社を動かす知的仕事人』橋本大也著 ソフトバンククリエイティブ 2013 年 8 月

『講談社現代新書ＡＩの衝撃－人工知能は人類の敵か』小林雅一著 講談社 2015 年 3 月

『The Next Technology 脳に迫る人工知能最前線』日経ＢＰ社 2015 年 5 月

『廣済堂新書 2045 年問題　コンピュータが人類を超える日』松田卓也著 廣済堂 2015 年 7 月

『ザ・セカンド・マシン・エイジ』E. ブリニュルフソン、A. マカフィー著 村井章子訳 日経ＢＰ社 2015 年 8 月

『人工知能 人類最悪にして最後の発明』J. バラット著 水谷淳訳 ダイヤモンド社 2015 年 9 月

『この 1 冊で丸ごとわかる！人工知能ビジネス』日経ＢＰ社 2015 年 10 月

『日経文庫ＩｏＴまるわかり』三菱総合研究所 日本経済新聞出版社 2015 年 10 月

『決定版インダストリー4．0 第 4 次産業革命の全貌』尾木蔵人著 東洋経済新報社 2015 年 10 月

『日本型インダストリー4．0』長嶋聡著 日本経済新聞出版社 2015 年 10 月

『ＩｏＴビジネスモデル革命』小林啓倫著 朝日新聞出版 2015 年 12 月

『DIAMOND ハーバード・ビジネス・レビュー別冊 2016 年 1 月号ＩＯＴの競争優位』ダイヤモンド社

『ビッグデータ・ベースボール』T．ソーチック著 桑田健訳 KADOKAWA 2016 年 3 月

第3節　多様な消費者

1．構造の変化

　１９８０年代までは、「**富士山型**」と言われて、「大量生産・大量販売・大量廃棄」の時代でした。消費者が望む商品や目指す生活像も比較的共通していました。競争の軸が、機能と価格に集約されていた結果、シェアを確保することにありました。

　１９９０年代は、バブル崩壊後以降の「**八ヶ岳型**」と称された時代です。機能と価格だけで競争しては、勝てない時代になりました。製配販ともにシェア維持のための持久戦と安値競争の悪循環に陥っています。日本経済の成熟とともに、消費者の望む商品は多様化し、目ざし憧れる生活像も多様化しています。「売れ続ける商品」が少なく、大量には売れなくなっています。

2．消費者の実像

　日本の消費者のこだわりポイントは、「信頼」「安心」にあります。買い物の決定において**価値**の積極的提供が、**価格**の重要度を上回っております。但し、企業が価格を下げると、価格要素の重要度が上昇します。そのために、シェアを重視して、値下げをすると、さらに安値競争に入る悪循環になります[1]。

　消費者の望む商品は多様化し、目指している生活像も多様化しています。消費者理解とこれに基づく商品投入が必須です。機能と価格だけで競争しても勝てない時代です。

　即ち、マーケティングしていく力がいります。また、**ユーザーによるイノベーション**が進んでおります。消費者が本当に必要な商品を創る時代になってきています。

注1）「消費者購買動向調査」経済産業省 2010 年

第2章　現在の経営環境

　今後とも増大するシニア世代は、年金生活者、無職世帯が多く、全世帯の27%を占めています。高齢者になると、消費が増減する項目が明確になってきます。

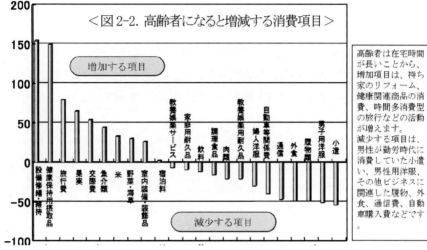

3．消費者の購買行動

　消費者は小売の店舗で購買するものとして、流通チャネル関係者は事業を組み立て、マーケティング活動をしています。

　化粧品の買い場を例にとって、消費者の購買行動の変化をみましょう。化粧品とトイレタリーの市場規模は2兆円です。1990年代後半をピークに、横這いになっています。2006年度の実績で見ますと、化粧品トータルで1.1%増加しています。化粧品が買われるチャネルで増減が起きています。増加しているチャネルが通信販売（6.7%増）、ドラッグストア（3.3%増）、百貨店（1.6%増）です。減少しているチャネルが、化粧品・薬局薬店（1.8%減）、訪問販売（1.6%減）です。消費者の購買チャネル変化の理由は、女性の在宅率が減少した結果です。そのために訪問販売が減る一方、通信販売が増加してきています(表2-6, 2-7)

第3節　多様な消費者

<表2-6.　化粧品のチャネル別売上動向＞

チャネル		2006年見込（億円）	前年比	2008年	
				予測（億円）	構成比
ドラッグストア	店舗	5,854	3.3％増	6,033	27％
化粧品・薬局薬店		3,050	1.8％減	3,002	13％
百貨店		2,100	1.6％増	2,124	9％
バラエティショップ		327	0.6％増	329	1％
訪問販売		2,327	1.6％減	2,284	10％
通信販売		2,164	6.7％増	2,230	10％
その他		6,536		6,486	29％
計		22,358	1.1％増	22,488	100％

出所：富士経済調べ

<表2-7.　化粧品チャネルにおける消費者とチャネルの変化＞

消費者の変化	チャネルの変化	
	ドラッグストア	H＆Bを掲げるドラッグでは化粧品の扱いは不可欠です。セルフ化粧品、制度化粧品、ＰＢ化粧品を開発中。
	化粧品・薬局薬店	大手化粧品メーカー系列の専門店は商店街立地が多く、周辺の商業沈滞により集客力は大幅に低下しています。店主の高齢化。マスブランドの不振。
	百貨店	制度品の牙城
	バラエティショップ	
・女性在宅率の低下。	訪問販売	
・インターネットの台頭。 ・美容専門雑誌の急増により、消費者が化粧品の専門的な情報取得しています ・自ら化粧品を選びます。	通信販売	・ＤＨＣ（554億円）、オルビス（340億円、ポーラのブランド）、ファンケル（270億円）。 ・特徴のあるスキンケア化粧品を持ちます。トータルで「ヘルス＆ビューティ」を提供。 ・通販とともに店舗販売も行っています。ＤＨＣはコンビニ販路を開拓。オルビス、ファンケルは直営店。 ・ＴＶ通販は、ライブ感覚で化粧品の特性を伝える能力があります。

出所：富士経済調べ

第2章　現在の経営環境

　化粧品を例にとりましたが、他の商品でも同じような現象が起きています。商品と消費者が出会う「瞬間」と「場所」が変わってきているのです。

　消費者は、"小売店の売場"を主たる買い場としながらも、"ネットビジネス（ネット通販）"で、直接、商品を手に入れる機会が増加しています。

　従来のマーケティング活動の中に、商品と消費者を直接結び付けるチャネルが創造されたといってもよいでしょう（図2-3）。

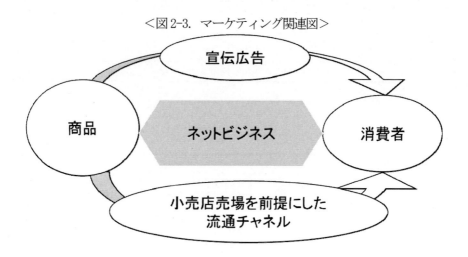

＜図2-3. マーケティング関連図＞

第4節　小売市場で起きていること

第4節　小売市場で起きていること

1．業態の変化

①業態区分の変化

　流通経済研究所が2015年に発表しました「流通統計資料集」を見ますと、業態区分が、10年前と変わって**家電大型専門店**と**無店舗販売**が新たに創設されています。家電量販店は4.4兆円、無店舗販売9兆円の中で、通信販売が3.6兆円になっています。

＜表2-8．小売業業態別年間商品販売額（流通経済研究所2015年版）＞

年	合計（兆円）	百貨店	総合スーパー	専門スーパー	コンビニ	ドラッグストア	その他スーパ	専門店	家電大型専門店	中心店	その他小売業	無店舗販売
2014	128	5	6	22	6	4	5	45	4	21	0	9
2004	133	8	8	24	7	3	5	50	－	27	0	－

②業態の境目とオムニチャネル化

　業態の境目がなくなってきており、パリティ状態（均衡化現象）です[1]。ネットビジネスの成長がみられ、**オムニチャネル化**が進行しています。オムニチャネル[2]では、消費者は、すべてのメディアや通信販売による情報とあらゆるチャネルを、その時々で選択できます。消費者は、いつでも、どこでも買い物ができますし、好きな時に好きな場所で買った商品を受け取ったり、届けてもらったりできます。オムチャネルは、消費者のチャネルプラットホームになり得ます。

③上位集中化

　欧米やアジアに比較すると、上位集中度ははるかに低いのですが、日本国内の上位集中度は暫時高くなってきています。特にGMS，CVS，CEの上位集中化に注目しておく必要があります（表2-9次頁）。

注1）「成熟社会化の進展による小売業態開発の見直し」原田一郎著『販売士2015.09』
注2）オムニチャネルは、第5章第6節190頁参照。

第2章　現在の経営環境

<表2-9. 小売業の業態別売上高>

業態	売上高 (百億円)	企業数 (社)	売上高集中度 上位80% 企業数(社)	トップ企業名(百億円)
SM	13兆63	318	138	ライフコーポレーション　(44)
GMS	8兆65	18	7	イオン　(207)
DP	8兆08	81	25	高島屋　(84)
CVS	7兆49	31	4	セブン・イレブン・ジャパン　(257)
CE	6兆40	38	7	ヤマダ電機　(173)
SP	5兆82	179		大創産業　(34)
DGS	4兆30	104	45	マツモトキヨシHLDGS　(39)
AP	3兆41	82	33	ファーストリテイリング　(53)
HC	2兆47	51	18	DCM　(40)
CO	2兆47	52	24	コープこうべ　(28)
DS	1兆42	22	11	ドン・キホーテ　(29)
その他	82			
合計	65兆61	976	312	

出所『DIAMOND Chain Store Age　2008/9/15 通巻 922 号』P.43〜55 より編集

2．利益が出ている小売業は、独自の戦略を構築

　業態別に営業利益率がトップの小売業は、図2-4（次頁）のようになっています(2015年3月期決算)。GMSではS＆Iホールディングス(営業利益率5.7%、以下同じ）、コンビニエンスストアではセブン・イレブン・ジャパン（5.6%）、アパレルではファーストリテイリング（9.4%）、百貨店ではJフロントリティリング（3.7%）、家電量販店ではビックカメラ（2.9%）、スーパーではイズミ（5.1%）、ドラッグストアではツルハホールディングス（6.1%）、電子商取引ではヤフー（46.0%）、家具・生活雑貨ではニトリホールディングス（15.9%）、ホームセンターではカインズ（7.0%）になっています。

38

第4節　小売市場で起きていること

<図2-4. 業態の中で営業利益率トップの小売業>

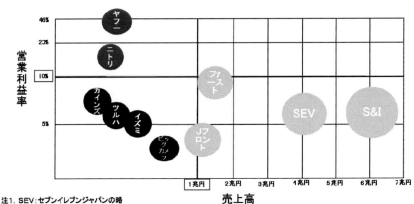

注1. SEV：セブンイレブンジャパンの略
注2. ファースト：ファーストリテイリングの略。
注3.

	S&I	SEV	ファースト	Jフロント	ビッグ	イズミ	ツルハ	ヤフー	ニトリ	カインズ
売上高	6兆円	4兆円	1.4兆円	1.1兆円	8千億円	6千億円	4千億円	4千億円	4千億	4千億円
営業利益率	5.7%	5.6%	9.4%	3.7%	2.9%	5.1%	6.1%	46.0%	15.9%	7.0%

　以上の企業が、独自の戦略をどのように構築しているかをみますと、自ら商品を作ることと、サプライチェーンの中で明らかな違いを作っています。商品を作る所から販売する店舗までを自社で行っていますし、イケア[1]では、物流の標準化を徹底し、コストを低減化しています。

<図2-5. 他社との違いを作り、勝ちパターンを作る例>

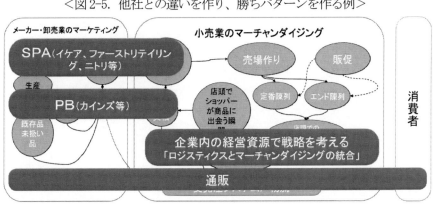

注1）イケアの事例は、第5章第1節140頁参照。

第2章　現在の経営環境

第5節　メーカーで起きていること

①「ものづくり」と「ブランドづくり」のアンバランス

　モノづくりの部門の力が強く、現場の力を生かす源泉になっています。その体質が、消費者像や市場ニーズから商品を発想することや、グローバルにブランドを確立していくマーケティングになっていません。

<表2-10. 製品志向とマーケティング志向[1]>

	製品志向	マーケティング志向
起点	生産現場	顧客志向
視点	組織内から組織外へ	組織外から組織内へ
対処法	製品改良	統合的マーケティング
志向	職人的	戦略的
目標	自己満足	顧客満足

②消費者理解と消費データの軽視

　消費財産業にとって、製配販ともに必要なデータは既にある程度存在していますが、データの死蔵が発生しています。データ分析家（データサイエンティスト[2]）の育成が課題です。　（第2節2. ＩＴの項24〜32頁参照）

③八方美人的な商品開発

　明確なターゲットを欠いたまま、細かな機能的差異と漸進的なコスト削減効果を反映した商品を投入しています。「誰に」から発想しなければならない商品開発において、顧客ターゲットが明確ではありません。思い切った特徴のある商品を投入するリスクをとるよりも、無難な商品開発が選択されています。

　ナショナルブランド（NB）とプライベートブランド（PB）の違いが曖昧になってきています。

注1）「新流通マーケティング入門講座」恩蔵直人著『Chain Store Age 2013/8/15』
注2）データサイエンティストの定義：データを科学的に分析してビジネスの課題を創造的に解決する人。『データサイエンティスト』橋本大也著 ソフトバンク新書 2013年8月

④新製品・新ブランド過多

多産多死の結果を招いています。洗剤や柔軟仕上げ剤のマーケットシェアデータ（2013年度）を見ていただけるとわかりますが、洗剤のブランドですら、同一ブランドの中が多岐にわたっています。例えば、洗剤のシェアトップであるアタックは、販売された1986年とは比較にならないくらい、アタックのブランドが細分化されています。消費者の「個」の時代と読むのか、コモデティ化した商品の価格競争の結果とみるのかは意見の分かれることでしょう。

＜表2-11. 衣料洗剤のマーケットシェア（C社2013年11月）＞

衣料洗剤

順位	前月順位	前々月順位	POS数量（個）	POS金額（円）	JANコード	商品名	メーカー	カテゴリー	平均売価（円）	金額構成比	前年比
1	1	3			4901301276469	アタック高浸透バイオジェル つめかえ 810g	花王	衣料用合成洗剤	206	4.9	
2	3	2			4901301235831	ワイドハイター EXパワー つめかえ用 480ml	花王	漂白剤	177	4.8	112.4
3	2	1			4902430362795	アリエール イオンパワージェル抗菌詰替え 850g	プロクター・アンド・ギャンブル・ジャパン	衣料用合成洗剤	224	4.7	97.9
4	11	31			4901301270825	ニュービーズ 大 900g	花王	衣料用合成洗剤	202	3.1	116.8
5	NEW	NEW			4902430515085	ボールド 香りのサプリインジェル 詰替 750g	プロクター・アンド・ギャンブル・ジャパン	衣料用合成洗剤	211	2.9	--
6	4	9			4902430399999	レノアプラス フレッシュグリーン詰替え 480ml	プロクター・アンド・ギャンブル・ジャパン	柔軟剤	218	2.6	104.7
7	8	5			4903301120513	ライオン トップ クリアリキッド 詰替 0.9kg	ライオン	衣料用合成洗剤	199	2.4	124.5
8	9	6			4901301282224	ウルトラアタックNeo つめかえ 360g	花王	衣料用合成洗剤	289	2.1	
9	NEW	NEW			4902430551526	ボールド 香りのサプリイン粉末 850g	プロクター・アンド・ギャンブル・ジャパン	衣料用合成洗剤	211	2.1	--
10	6	7			4901301281463	花王 アタック高活性バイオEX 大 1kg	花王	衣料用合成洗剤	302	2.0	62.2
11	10	11			4901301745910	花王 かんたんワイドハイター つめかえ 720ml	花王	漂白剤	110	2.0	89.2
12	16	8			4901301263476	フレアフレグランス F&S 詰替 480ml	花王	柔軟剤	253	1.8	117.3
13	12	10			4901301260048	アタックNeo抗菌EXパワー つめかえ用 360g	花王	衣料用合成洗剤	287	1.8	85.3
14	13	12			4901301276025	アタック高活性バイオEX つめかえパック 900g	花王	衣料用合成洗剤	275	1.7	--
15	17	NEW			4902430469340	アリエール イオンパワージェル 詰替 増量	プロクター・アンド・ギャンブル・ジャパン	衣料用合成洗剤	192	1.6	--
16	34	30			4903301169253	トップ プラチナクリア 1.0kg	ライオン	衣料用合成洗剤	214	1.4	126.6
17	22	19			4903301117155	香りとデオドラントソフランジュリエット 替480ml	ライオン	柔軟剤	246	1.4	126.4
18	14	24			4902430400015	レノアプラス リラックスアロマ 詰替え 480ml	プロクター・アンド・ギャンブル・ジャパン	柔軟剤	216	1.4	96.7
19	15	25			4902430400039	レノアプラス フルーティソープ 詰替 480ml	プロクター・アンド・ギャンブル・ジャパン	柔軟剤	215	1.3	88.2
20	24	26			4901301279286	フレグランスニュービーズジェル つめかえ 770g	花王	衣料用合成洗剤	249	1.2	

⑤サプライチェーンを通じた安値志向

製配販ともにシェア志向で、「値上げ」を受け入れない傾向が強いようです。価格とシェア以外の要素には、目が向きにくい競争環境になっています。

第2章　現在の経営環境

第6節　卸売業で起きていること

1．卸売業のトレンド

　卸売業は事業所数と販売金額がともに減少しています。1999年対2014年を比較しますと、事業所数で42.6万から26.5万に15年間で16.1万と大幅に減少しています。販売金額は495兆円から365兆円に130兆円減少しています。

　W／R比率（卸小売比率）を見ますと、1999年は3.44、2014年は2.85となっています。したがって、小売販売高に占める卸販売高の割合が小さくなっています。小売業の小規模小売店が少なくなっていることをうかがわせます。

<表2-12．卸売業と小売業店数と販売額の動向>

項目		1999年	2007年	2014年
卸売業	事業所数（万店）	42.6	33.4	26.5
	販売額（兆円）	495	414	365
小売業	事業所数（万店）	140.7	113.7	78.1
	販売額（兆円）	144	135	128

出所：経済産業省「商業統計」

2．卸売業のメガ化

　巨大化する小売業に対抗して、卸売業は「メガ卸」化で勝ち残りを期しています。メガ卸によって、商品力や情報・物流機能の強化に力を入れています。

　食品卸は商社主導の再編が続いています。独立系卸（国分、加藤産業等）の動きが焦点です。医薬品（3強）と日用品雑貨卸は、販路多様化で業種を超えた合従連衡が行われております。

42

第6節 卸売業で起きていること

<図2-6. 卸売業のメガ化>

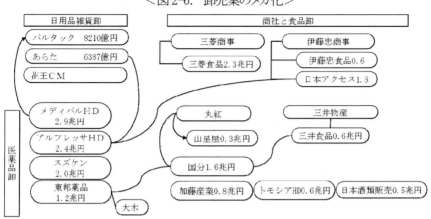

出所『日経業界地図2016年版』筆者追加修正

　卸売業の売上高ランキングを挙げておきます。売上上位7社の卸売業（医薬品卸と食品卸）の個別企業毎の売上高は1兆円を超えています。

<表2-13. 卸売業売上高ランキング（2015年3月期）>

順位	社名	連／単	売上高	営業利益	営業利益率	業種
1	メディパルHD	連	2兆8729億円	327億円	1.14%	医薬品
2	アルフレッサHD	連	2兆4211億円	292億円	1.21%	医薬品
3	三菱食品	連	2兆3372億円	152億円	0.65%	食品
4	スズケン	連	1兆9696億円	132億円	0.67%	医薬品
5	日本アクセス	連	1兆7840億円	155億円	0.87%	食品
6	国分	連	1兆6034億円	84億円	0.53%	食品
7	東邦HD	連	1兆1621億円	100億円	0.86%	医薬品
8	PALTAC		8210億円	104億円	1.27%	日用品
9	加藤産業	連	7715億円	89億円	1.15%	食品
10	三井食品	連	7537億円	－	－	食品

出所：『流通・消費2016勝者の法則 日経MJトレンド情報源』
　　　『日経業界地図2016年版』

第2章　現在の経営環境

　総合商社は、メーカーと小売をつなぐ中間流通業を押さえることで、食材のグローバルな調達から消費者への国内販売まで、一気通貫した影響力をもつようにしています。また、卸売業と小売業双方に資本関係を形成していっています。

<表2-14. 商社の中間流通業関連表>

総合商社	食品卸	小売業
三菱商事	・菱食（50%、食品卸2位） ・明治屋商事（51%、食品卸8位） ・サンエス（88.5%、菓子卸2位）	・ローソン（30.7%） ・ライフコーポレーション（19.5%） ・イオン（5%）　08年12月5日日経
三井物産	・三井食品（99.8%、食品卸3位） ・北酒造など地方卸	・セブン&アイ・ホールディングス（包括提携） ・QVCジャパン
住友商事	加藤産業 三井（8.3%）、住友（9.4%）	・サミット（100%） ・マミーマート（20%） ・関西スーパーマーケット（9.9%）
伊藤忠商事	・伊藤忠食品（37%、食品卸4位） ・日本アクセス（32.2%、低温卸1位） ・西野商事（85.1%）	・ユニー（包括提携） ・ファミリーマート（30.7%）
丸紅	・山星屋（44.7%、菓子卸1位） ・ナックスナカムラ（有力低温卸）	・ダイエー（11.8%）、・マルエツ（28.2%） ・東武ストア（25%） ・メトロキャッシュ&キャリージャパン（20%）

3．卸売業の外部環境変化

　卸売業は、粗利益の低下、費用増加、営業利益減少になっています。それらは2008年のリーマンショック以降、消費者の節約志向に始まり、小売業の収益低下や、メーカーのリベートや販促費の絞り込み等の結果です（図2-7次頁）。

　一方で、熾烈な帳合争奪戦や帳合喪失が起きています。その要因は、①事業規模拡大をめぐって卸売企業間の競争、②小売業からの見積合わせによる卸売間の叩き合い、③小売業をめぐる資本関係等の統合・再編、④自社の顧客対応が不適切な対応等です。

　経営をしていくには、いずれの環境であろうとも、自社としてどうしていくのかが問われます。自社の経営資源の強み・弱みを、まず顧客との関係で評価し、さらに競合相手との相対的な関係で評価してみることです。自社が何によって成

第6節　卸売業で起きていること

り立っているのかを、内部環境分析と外部環境分析を通じて知るために行うことです。

外部環境分析では、５Ｆ分析（5つの競争要因）が、業界の競争構造を解明するときに、よく使われます。その結果として、自社なりの独自戦略の構築になります。

こうした分析や戦略一般論に関しては、拙著『経営実務で考えたマネジメントとリーダーシップの基本』が参考になります。

<図2-7. 卸売業からみた外部環境の変化>

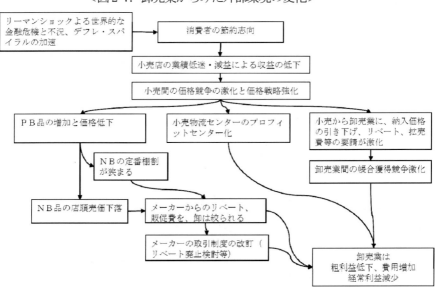

第2章　現在の経営環境

第7節　競争状況

　時代は、**ハイパー・コンペティション**へ向かっています。製・配・販ともに、企業が、同質化競争の中で抜け出ていくには、**イノベーション**が不可欠です。

　企業が競争優位を持続できる期間は短くなってきています。伝統的な商品の普及モデルである「釣り鐘曲線」（エベレット・ロジャーズ提唱）のような穏やかな曲線ではなくなってきています。屹立した崖のような「シャークフィン（サメのひれ）[1]」を描いています。

　一度、競争優位を失っても、それを取り戻す「一時的な競争優位の連鎖」を生み出すことが重要になります。より積極的な競争行動をとる企業のほうが高い業績を実現できることになります。

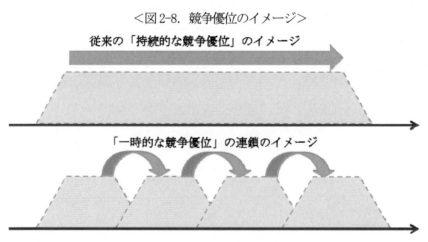

＜図2-8．競争優位のイメージ＞

出所『世界の経営学者はいま何を考えているか』入山章栄著

注1)　『ビッグバン・イノベーション』ダウンズ／ヌーネス共著　江口泰子訳　ダイヤモンド社

第３章
卸売業の経営課題

第3章　卸売業の経営課題

第1節　卸売業の経営収支

1．卸売業の経営収支は低収益

1）製・配・販の営業利益率比較

　日用品業界の製・配・販の各企業の営業利益率を比較してみますと、日用品卸売業の営業利益率が、関連する製・配・販の中では一番低いことがわかります。

<表3-1．業界の競争状況／日用品製配販の営業利益率比較>

産業界	企業名	売上高	営業利益	営業利益率
小売業 （GMS）	イオン	7兆785億円	1413億円	2.0%
	セブン＆アイHD	6兆389億円	3433億円	5.7%
	ユニーHD	1兆189億円	202億円	2.0%
卸売業 （日用品・ 医療用品卸 売業）	ＰＡＬＴＡＣ	8210億円	104億円	1.7%
	あらた	6387億円	24億円	0.4%
	中央物産	1301億円	△4億円	△0.3%
メーカー （化粧品・ トイレタリー）	花王	1兆4017億円	1332億円	9.5%
	資生堂	7776億円	276億円	3.5%
	ユニチャーム	5536億円	613億円	11.1%
	ライオン	3673億円	124億円	3.4%
	P&G（米国）	10兆2,166億円	1兆8804億円	18.4%

出所『会社四季報業界地図2016年版』2015年3月期決算ベース

　さらに、日用品卸売業3社の2013年3月期から2015年3月期の売上高と営業利益をみます。売上規模や営業利益率の違いが明らかに出ています。

48

第1節　卸売業の経営収支

<表3-2.　日用品卸売業の売上高と営業利益比較>（単位百万円）

		2013年3月期	2014年3月期	2015年3月期
PALTAC	売上高	785,833	831,899	821,074
	営業利益 （利益率）	9,201 (1.17%)	10,216 (1.23%)	10,420 (1.27%)
あらた	売上高	616,327	651,954	638,792
	営業利益 （利益率）	3,726 (0.60%)	4,472 (0.69%)	2,461 (0.39%)
中央物産	売上高	129,080	136,683	130,190
	営業利益 （利益率）	1,493 (1.16%)	1,258 (0.92%)	△428 (△0.33%)

出所：前出

2）1991年以降の製・配・販の動き

　1991年以降の価格競争下における消費財を中心とした製・配・販に関わる流通の動きを振り返ってみます。

（1）小売業の動きと対応

　伝統的なコスト転嫁の手法により、価格競争の原資確保を図っています。安易なロー・コスト・オペレーションの実現です。そのために、

- ・納入価格引き下げ要請
- ・労務の無償提供の要請

　　例としては、店舗開店・改装時作業応援、棚卸、商品マスターやファイルの維持管理、棚割作成、バイヤーの書類作成支援、緊急納品等

　　（但し、今日、是正されてきています。）

- ・センターフィーの値上げ要請
- ・決算協力金・協賛金等の要請
- ・一律値引きセール（ハイ&ロー価格戦略）要請　等々があります。

（2）メーカーの変化

①メーカーの流通戦略としての建値制度と代理店（特約店）制度の変容、

第3章　卸売業の経営課題

小売業から納入価格の引き下げ要請とＰＢ商品による価格揺さぶりの中で、卸売業の粗利補填としてのリベートを拡大しています（第3章第2節「メーカーとの取引制度」56頁以降参照）。

②メーカーは収益構造を改善するための対応を図っています。

リベートを織り込んだ仕切り価格の採用（オープン価格制度ともいう）と、リベート体系の簡素化が図られています。

（3）卸売業の変化

①小売業からの厳しい納入価格対応や各種要請に対して、帳合変更の恐れからそれらを受けています。

②メーカーの仕切価格制度やリベートの簡素化により、リベート補填の先細りで体力を消耗しています。

③本格的なＢＰＲ（business process reengineering）に取り組まざるを得ない状況になっています。

④現在の取引制度は、物流を企業内物流の領域に閉じ込めています。

企業内物流でのコスト削減努力や物流品質では、日本のロジスティクスは国際的には引けをとりません。しかしながら、企業間の物流は、全体最適を目指したトータルコスト最小化の視点が欠けているように思います。典型的には、企業間の取引条件、パレットやＥＤＩの標準化がなかなか進まないことに見られます。

2．卸売業の業務プロセスとコスト

1）サプライチェーンと卸売業の位置

一般的には、日用品や化粧品等のサプライチェーンは、原材料メーカーから、卸売業を経由して、小売業に至っています。その中で、卸売業の業務プロセス（ビジネスプロセス）は、メーカーとの発注・仕入れから始まり、小売業との受注・出荷、代金回収に至ります。

第1節　卸売業の経営収支

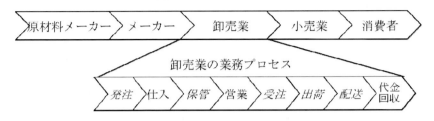

<図3-1. サプライチェーン>

2）卸売業の業務プロセスとコスト

　業務プロセス（発注・仕入、保管、営業、受注・出荷、配送、代金回収）を大きく分類すると、調達・営業・物流・管理事務に分かれます。組織は、業務プロセスに応じて作られています。

<表3-3. 業務プロセスと業務要素>

業務プロセス	業務要素
調達活動	・メーカーとの商談（取扱品目、仕入れ条件、納期、発注、返品交渉、在庫管理等） ・カテゴリー毎の品揃え（マーチャンダイジング） ・営業部門に小売業毎の商談情報提供
営業活動	・小売業等との商談（配荷・陳列、新製品紹介、未扱い品紹介、返品等） ・店舗回訪、店舗販促支援活動、改装・新店支援活動等 ・センター納品取引条件交渉
物流活動	・仕入・入荷 ・受注（方法、受注・ピッキング単位、リードタイム等） ・出荷等の庫内作業 ・配送（納品先、荷姿、納品時検品、センター納品）
管理・事務活動	・受発注等情報交換（ＥＤＩ等） ・メーカーや小売業との事務活動（買掛金・売掛金・未収金の照合、支払いと請求業務） ・代金決済、売上計上基準 ・管理部門の管理範囲として、人事・総務・経理・財務等があります。

第3章　卸売業の経営課題

3）メーカーや小売業との取引
（1）メーカーと卸売業との間で行われている取引例
①ディスカウント（特売）

　　本来、ディスカウントは経営合理化（経営努力、販売技術革新、販売方法、流通チャネル政策の改革等）により、他業者に比べて同一商品を従来よりもより安く販売することを指します。現在、過剰在庫の処分、競争対抗上の低価格戦略、顧客誘引の為の販売促進の一つとして実施されることがあります。

　・数量割引は、取引先が大量に購入することで実現される販売諸経費の削減により、通常の販売価格から、その経費削減分を割引いた価格で販売します。
　・地理的割引は、取引先の地理的遠近差による配送経費の差を割引率に反映します。
　・季節割引は、需要の季節的多少による割引率です。
　・現金割引

②リベート

　リベート（割戻）とは、取引先に対して継続的な売上促進を図り、協力を得ることを主目的とした、売り手から買い手に行われる利益配分のことです。
　リベートを支給するのはほとんどがメーカーであり、重要なチャネル政策の一つになっています。
　リベートの方法としては、

　・販売促進目的（例：数量リベート）の例としては、売上割戻、販売奨励金、拡売報奨金等です。
　・報奨目的（例：販売目標達成リベート）の例としては、協賛金、謝恩金、特別協力金、特別報奨金等です。
　・統制目的の例としては、決済リベート、現金奨励金等です。

（2）卸売業と小売業の間で発生する費用

　卸売業と小売業との取引時に発生するコストは、小売業によって違いますし、小売業によって開きがあります。
　一つは、小売業に納入するときに発生する費用があります。

52

第1節　卸売業の経営収支

　二つ目は、小売業への納入価額から控除する費用です。例えば、メーカー負担分の販促費、売上割戻（リベート等）、売上割引（数量割引等）等です。

　売上割戻は、一定期間に多額又は多量の取引をした得意先に対して、売上高を基準に割戻をします。売上割戻率の算定基準となる売上高に何を使うのか、例えば、総売上高や返品控除後売上高等を取引契約書等で確認しておくことです。

　他に協賛金があります。小売業が卸売業等の取引先に対して、創業祭などイベントの費用や開店・改装費用などを要求する場合の総称です。優越的な地位の乱用という場合もあり、金額の算出根拠やその理由が曖昧なものは、公正取引委員会の取り締まりの対象になります。

4）業務プロセスが損益計算書にどのように反映されるか

　卸売業の損益計算書を、モデルとして設定してみます（表3-4次頁）。
業務プロセスで説明しましたように、メーカーから仕入れ、在庫して、小売業に販売しています。その際に、メーカーと小売業との間で発生する返品、値引き割戻等を仮設としておいてみます。

　メーカーから、返品2.2%を除き、リベート（仕入割戻）等で10.3%（仕入値引き0.3% ＋ 仕入割戻金9.6% ＋ 仕入割引0.4%）を受け取っているとします。

　小売業には、返品2.2%を除き、メーカー負担分の販促費、リベート（売上割戻）、数量割引（売上割引）等の3.1%（売上値引き1.6% ＋ 売上割戻1.4% ＋ 売上割引0.1%）を支払っているとします。

　在庫は、期首在庫と期末在庫には、変動がなかったものとします。

　このようなモデルを設定した時は、表3-4（次頁）の損益計算書になります。
　モデルでは、売上総利益は8.7%になります。仕入割戻金が9.6%ありますので実際の商品売買差益はなく、粗利益が仕入割戻金で構成されているといえます。
　この点は、卸売業の経営収支がメーカーとの取引次第になります。卸売業の経営がメーカーの匙加減になりがちといえば、言いすぎでしょうか。マージンビジネスの限界ともいえます。
　一般的に言うならば、卸売業は、自ら価格設定ができないビジネスの典型的な状態になっています。自立かつ自律的な経営を行うには、ここの改革が肝になります。

53

第3章　卸売業の経営課題

<表3-4. 損益計算書のモデル>

科目		構成比	
		%	%
売上	総　売　上　高		100.0
	売上返品	2.2	
	売上値引き	1.6	
	売上割戻金	1.4	
	純　売　上　高		94.8
売上原価	機　首　在　庫		9.0
	総　仕　入　高		98.2
	仕入返品	2.2	
	仕入値引き	0.3	
	仕入割戻金	9.6	
	純　仕　入　高		86.1
	期　末　在　庫		9.0
	売　上　原　価		86.1
売上総利益			8.7
売上割引		0.1	
仕入割引		0.4	
実質売上総利益			8.4

　次に、メーカーの補償と売上総利益との関係を、売上総利益の構成比を100%
とした場合のモデルで検証してみます（表3-5次頁）。このモデルでは、粗利額
の構成比は127.5%となります。その内訳は売買差益31.8%と仕入割戻（メーカ
ー補償）95.7%の合計です。売上総利益の内、95.7%が仕入割戻（メーカー補償）
で賄われていることになります。
また、小売業へは売上割戻28.1%、売上割引0.9%、納品手数料32.5%が支払わ
れることになります。

第1節　卸売業の経営収支

＜表 3-5. 利益構造のモデル＞

利益構造	構成比	計算式
A. 売買差益	31.8%	A＝納入価格－仕切り価格
B. 仕入割戻（メーカー補償）	95.7%	
C. 粗利額	127.5%	C＝A＋B
D. 売上割戻	△28.1%	
E. 売上割引	△0.9%	
F. 納品手数料	△32.5%	
G. 仕入割戻（その他）	34.0%	
H. 売上総利益	100.0%	H＝C＋G－D－E－F

注1. D. 売上割戻は、得意先に対して予め取り決めた条件により売上代金の減額や返金を行うときに発生した金額です。

注2. E. 売上割引は、売掛金を約定日よりも早期に支払いを受けたことにより売上代金の減額や返金を行った時の金額です。

注3. F. 納品手数料は、得意先の物流センターに納入する際に使用料として支払う料金です。納品手数料の算定基準となる売上高が、総売上高や返品後売上高なのか、また、返品やオリコン使用手数料について契約書を確認しておくことです。
日用品卸売業は、近年、納品手数料を売上高から控除する方式に変更しています。

注4. G. 仕入割戻（その他）には、企画キャンペーン、取引制度リベート（固定型、達成型）、MD商品一括仕入れリベート、販売データ料、機能リベート、未収金、数量引リベート、無返品契約リベート等があります。

卸売業の日頃の業務の中で行うべきことは、次の2点です。

一つ目は、メーカーへの補償金額の決定は、商品別、定番・販促価格別に補償単価もしくは補償率を設定します。その上で、メーカー任せにしないで、自社で得意先に見積を提示します。

二つ目は、システム的に、メーカー補償の獲り漏れがないようにして、確実に請求・計上することが重要な仕事になります。

第3章　卸売業の経営課題

第2節　メーカーとの取引制度

1．取引制度の位置付け

メーカーの卸売業向け取引制度を取り上げます。取引制度は、事業戦略及びチャネル戦略の下位に位置します。取引制度を検討するには、事業環境変化に関する認識を明確にし、事業戦略、及びチャネル戦略などを明確にしておく必要があります。

卸売業が顧客（小売業）に対して価格戦略及び販促活動を的確に行うには、メーカーの取引制度をよく理解しておく必要があります。また、粗利益改善には、取引制度の運用改善が欠かせません。

最寄り品[1] メーカーの取引制度の概要を示しておきます。取引制度は、手数料や物流条件を含む各種の手数料を決めています

取引制度には、取引資格条件（代理店制）、基本価格制度（基本価格体系又は基本価格制度）、卸店向け補完的価格制度（基本手数料、販売代理機能リベート等）、小売店向け補完的価格制度（契約達成リベート等）があります（図3-2次頁）。

注1）最寄り品とは、コープランドが消費者の購買習慣を3分類した一つです。最寄り品は、使用頻度・消耗品度・購買頻度が高く、価格はどこでも大差がありません。経験的に品質・内容がよく知られており、住居の比較的近いところで時間や労力をかけずに購入します。最寄り品の他に、買回り品（比較的高価）と専門品（価格はかなり高い）があります。現代では同一商品でも、最寄り品であったり、買回り品であったりと消費者によっては異なり、この3分類にあてはめることが難しくなってきています(販売士3級テキスト)。

第2節　メーカーとの取引制度

<図3-2. 取引制度>

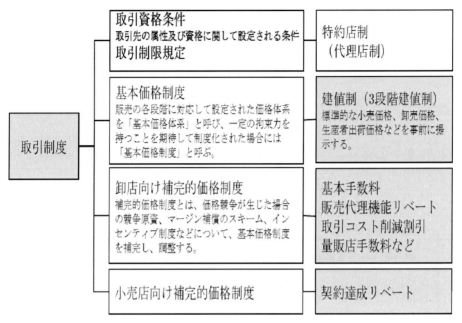

出所：『新取引制度の構築　流通と営業の革新』根本重之著

第3章　卸売業の経営課題

２．取引価格

１）納入価格

　日本の卸売業では、納入価格の中に物流費が内包されています。即ち、コスト内訳（物流費、販売費、センターフィー等）が明らかではありません。この慣習により、小売業は、店頭までのオペレーションの多くを納入価格に含まれているものとして、卸売業の納品サービスに依存してきました。

　下図では、卸売業から店頭まで納入する範囲を着荷価格としていることを示しています（コスト込み方式）。欧米では、メーカーから出荷した時点の価格を蔵出し価格としていることを示しています（コストオン方式）。この差が、日本と欧米のコスト競争力に違いをもたらしております。

<図3-3.　日本と欧米の納入価格の違い>

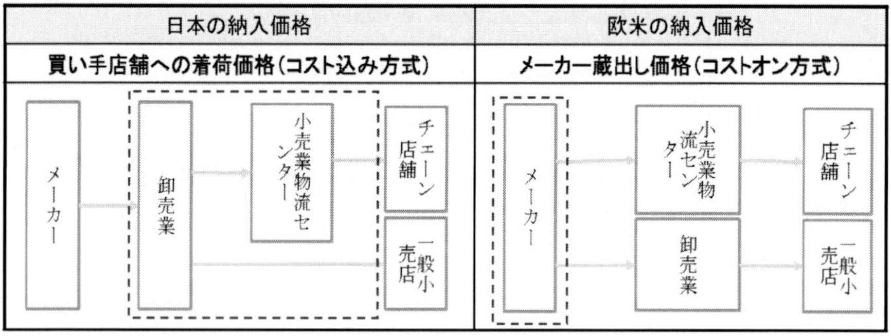

日本の納入価格	欧米の納入価格
買い手店舗への着荷価格（コスト込み方式）	メーカー蔵出し価格（コストオン方式）
メーカー → 卸売業 → 小売業物流センター → チェーン店舗／一般小売店	メーカー → 小売業物流センター → チェーン店舗／一般小売店／卸売業

　現行の簿記・会計では、商品の仕入に伴って発生する引取運賃や運送保険料などの付帯費用（仕入諸掛）は、商品の仕入原価に算入し、仕入勘定の借方に記入します。

『簿記講義』服部俊治編著　同文館出版　昭和59年5月10日発行

第2節　メーカーとの取引制度

2）価格体系

　価格体系は、メーカーから小売業まで連鎖になっています（図3-4）。

　小売業から見ますと、生産者の販売価格は**蔵出し価格**、卸売業の販売価格は**着荷価格**、小売業の**店頭原価**、小売店の**販売価格**（店頭売価）となります。

図3-4. 価格体系の連鎖モデル図

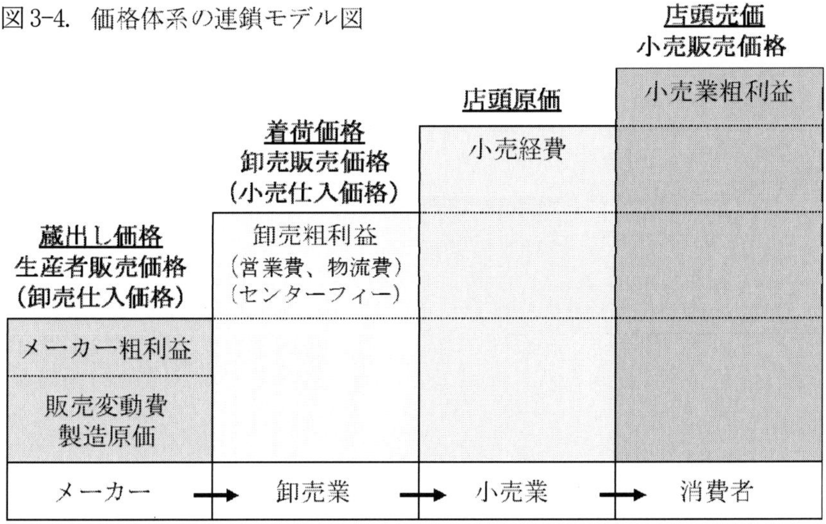

蔵出し価格 生産者販売価格 （卸売仕入価格）	**着荷価格** 卸売販売価格 （小売仕入価格）	**店頭原価**	**店頭売価** 小売販売価格
			小売業粗利益
		小売経費	
	卸売粗利益 （営業費、物流費） （センターフィー）		
メーカー粗利益			
販売変動費 製造原価			
メーカー　→	卸売業　→	小売業　→	消費者

　取引制度を検討するときには、価格制度が鍵を握っています。価格制度には、様々な価格体系があります（表3-6次頁）。

・**ガイドプライス制**は、希望卸売価格及び希望小売価格の拘束力を弱め、参考価格などを表示する価格制度です。

・**仕切価格制**は、生販価格のみを示し、再販売価格表示は行わず、卸売業向け、小売業向け双方の補完的価格制を廃止した価格制度です。

・**ネットプライス制**は、3段階建値制を廃するが、新たに卸売業向けの補完的価格制を形成しています。

・**オープンプライス制**（オープン価格制）は、単に希望小売価格をなくした価格制度です。

59

第3章　卸売業の経営課題

<表3-6. 価格体系の比較>

項目	3段階建値制	2段階建値制	ガイドプライス制	仕切価格制	ネットプライス制	オープンプライス制
生販価格	○	○	○	○	○	○
希望卸売価格	○	生販＝希望卸	△	×	×	?
希望小売価格	○	○	△	×	×	×
卸売業向け補完的価格制度	○	○	○	×	○	?
小売業向け補完的価格制度	○	○	○	×	?	?

注.　○は、表側の項目が存在すること、
　　×は、存在しないこと、
　　△は、存在するが拘束力を弱めていることを意味します。
　　?は、存在する場合もあれば、存在しない場合もあることを示しています。

3．メーカーの取引制度の実例

　メーカー取引制度について、メーカー3社P＆G社、日本リーバ社、ライオン社の比較を記載しておきます。

　基本項目として、①基本取引条件・取引基準、②基本価格体系、③取引コスト削減機能割引、④販売代理機能割引、⑤返品条件、⑥販促金について書かれています。

　①基本取引条件・取引基準は、店格制度、決済条件、物流条件、受注条件、小売店直送基準、センターフィー・協賛金等について書いています。

　②基本価格体系は、3段階建値制、販売手数料、出荷価格について書いています。

　③取引コスト削減機能割引は、金融・決済割引機能、ロット割引、EDIインセンティブについて書いています。

60

第2節　メーカーとの取引制度

＜表3-7. P&G、日本リーバ、ライオンにみる取引制度の比較＞

比較領域・項目			P&G（99年10月）	日本リーバ（00年7月）	ライオン（01年10月）
基本取引条件・取引基準	店格制度	代理店制	廃止	廃止	維持
		直接取引先	取引基準を満たす卸、小売（仕入額きば基準なし）	取引基準を満たす卸、小売（年間仕入額1億円以上）	取引基準を満たす卸売業
		2次卸店	廃止	廃止	存続
		与信管理	P&Gによる審査	第三者期間による与信審査（Cランク1ヶ月担保）	取引額1.2ヶ月分の担保　決算情報の提供
	決済条件	締日	毎月15日	毎月15日または月末	毎月10日、25日の2回
		支払サイト	月末現金払い	締日起算30日以内現金払い	締日起算20日以内現金払い
		延滞ペナルティ	延滞利息（年利12%）	延滞利息（年利12%）	延滞利息（日歩3銭）
	物流条件	最低配送ロット	100ケース	50ケース	20ケース
		納品方法	軒先渡し、付帯作業等なし	‥	軒先渡し、付帯作業等なし
	受注条件	受注方法	原則業界標準のEOS	原則業界標準のEOS	原則業界標準のEOS、FAXも可
		受注締切時刻	午前11時30分	午前11時00分	EOS：午前11時00分　FAX等：午前10時30分
	小売店直送基準		なし（最低受注ロットと同じ）	なし（最低受注ロットと同じ）	300ケース／回以上
	センターフィー・協賛金等		非対応	非対応	非対応
基本価格体系		3段階建値制	廃止	廃止	廃止（但し参考納価・売価基準有）
		販売手数料	廃止	廃止	91年廃止
		出荷価格	仕切価格化、小売業にも公開	ネット価格を伝票表示　必要に応じて小売業にも共有	生販価格：1次店、2次店共通、小売業には非公開
取引コスト削減機能割引	金融・決済機能割引	2次店帳合料	廃止	廃止	存続
		決済リベート	廃止	1.5%（月2回締め、15日以内の現金払い）	91年廃止
	ロット割引	ロット割引	300～599ケース　600ケース～　10t車パレット単位	4t車満載　10t車満載	100～199ケース　200～299ケース　300～499ケース　500ケース～
		追加割引	常時10t車、4t車満載：0.5%		パレット単位発注　単品10t車満載
	EDIインセンティブ	オンライン発注	あり（発注データ98%、仕入データ100%）	あり	あり（80%以上毎月達成）
		販売データ料	なし（当然の義務だから）	あり（直販分のみに適応）	あり（データの精度、鮮度の条件有）
		請求データ料	あり（請求データ100%EDI化）	あり（請求&在庫データ提供）	あり
		在庫データ料	‒		あり（拠点別毎月報告）
販売代理機能割引			なし	卸売業、小売業の合意を前提に個別にMD機能費を支払う	販売目標達成、重点商品強化などに関して達成型のフィーを設定
返品条件		返品防止奨励金	なし（原則無返品前提）	あり（無返品リベート）	なし
		返品手数料	‒（原則無返品前提）	あり（一部適用外商品有）	あり
販促金			BDF（小売への直接払い）	メーカー・卸合意後30日以内に小売に直接払い	値引きの為の販促金は数量別条件表を作成して公開、支払いは卸売業経由

出所：『新取引制度の構築　流通と営業の革新』根本重之著

第3章　卸売業の経営課題

4．卸売業の取引制度への思惑

　卸売業が、現行の取引制度に関して、どのように受けとめているかのアンケート結果を掲載しておきます。全国化粧品日用品卸連合会（略称：全卸連）が、2008年8月「平成20年度全卸連アンケート調査」を実施し、08年12月に発表しています。アンケートの対象は、全卸連の役員卸店22社、賛助会員メーカー59社です。

　「卸・メーカー間の取引制度をオープンにし、コストオンの取引をすべきかどうか」に関しては、卸売業の意見は相半ばしています。メーカーはオープン化する計画はないほうが多いようです。

　「卸の持つ機能に対し、卸売各社はメーカーが選択肢のあるインセンティブを支払う計画」には、多くの会社が賛同しています。メーカーはそれに対して計画はないほうがやや多いようです。両者の考えには大きな隔たりがあります。

<表3-8．取引制度に関連するアンケート調査>

卸店への質問				メーカーへの質問					
質問	回答			質問	回答				
（1）卸・メーカー間の取引制度をオープンにし、コストオンの取引を推進すべきと考えますか。	はい	いいえ	どちらでもない	（1）メーカー・卸店間の取引制度をオープン化する計画はあるか。	ある	ない	実施中	どちらでもない	
	7社	5社	5社		5社	29社	6社	18社	
（2）卸の持つ機能に対し、メーカーが選択肢のあるインセンティブを支払う計画に賛成しますか。	はい	いいえ	どちらでもない	（2）卸店に選択肢のあるインセンティブを提供し、今以上の機能を発揮してもらう計画はあるか。	ある	ない	実施中	どちらでもない	内容による
	16社	1社	5社		9社	12社	8社	11社	17社

出所：石鹸新報E－news09年1月1日発行新年号掲載。

参考文献

『新取引制度の構築－流通と営業の革新』根本重之著白桃書房2004年1月16日初版発行

『進化する日本の食品卸売産業』宮下正房監修日本食糧新聞社2006年10月31日初版発行

『明日の食品産業』「取引関係の変化と課題（上）」高橋佳生著2008年9月

『明日の食品産業』「取引関係の変化と課題（下）」高橋佳生著2008年10月

第2節　メーカーとの取引制度

5．メーカーから小売店までの費用

1）メーカーの機能別勘定科目別費用

　店頭売価に至るまでの機能と、それに対するコスト投入が効果的であるかどうかを評価すべきです。マーケティング費（広告宣伝費、販促費等）は、相対的に金額が大きく、一方、流通管理費（小売業店頭投入費）は、相対的に金額が小さいのですが、双方の効果はどうなのでしょうか。

　メーカーA社の損益計算書の勘定科目別金額を、機能別に組み替えた時のモデルを記載します。マーケティング（MK）費や流通管理費等のウェイトを見ますと（表3-9）、MK費が、13.6％と明らかに高く、流通管理費のウェイトは2.3％と低い状態です。

<表3-9. メーカー損益計算書（機能別勘定科目）の例>

		億円	％
売上高		4，400	100．0
製造原価		1，600	36．4
販売変動費		800	18．2
MK費	広告宣伝費	400	9．1
	販促費	200	4．5
流通管理費		100	2．3
管理費		900	20．5
営業利益		400	9．1

第3章　卸売業の経営課題

2）製配販の伝統的な価格体系モデル

　伝統的な流通チャネルを想定した製配販の価格体系をモデル化します。そうしてみますと、製配販が商品を店頭で販売するに至るチャネル形成・維持する推定コストは、店頭売価の44.6％（製配販の販管費・販売費の単純な和）を投入しているのではないかと思われます。ナショナルブランドとプライベートブランドの商品開発は、この価格体系を巡っての業態間競争と言えます。また、ネットビジネスが興隆していますので、伝統的な価格体系の見直しをする必要があるでしょう。

<図3-5. 製配販の伝統的な価格体系モデル>

小売業		小売仕入価格 75.0			販管費 23.0	利益 2.0
卸売業		卸仕入価格 65.2		販管費 9.0	利益 0.8	店頭売価 100円とする
製造業	製造原価 23.7	販管費 35.0			利益 6.5	
		MK費 9.8	販売費 12.6	管理費 12.6		

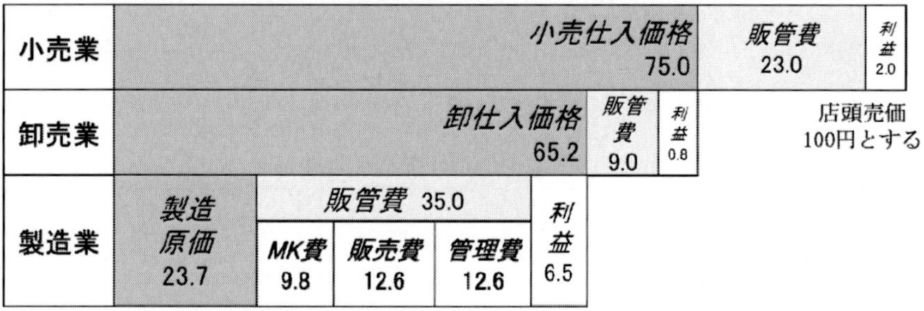

業種		小売業の売価を100円とした時				各業種毎の経費比率			
		原価	販管費	経常利益	価格	原価	販管費	経常利益	売上高
製造業	製造	23.7円	35.0円	6.5円	65.2円	36.4%	53.8%	10.0%	100.0%
卸売業	仕入	65.2円	9.0円	0.8円	75.9円	87.0%	12.0%	1.0%	100.0%
小売業	仕入	75.0円	23.0円	2.0円	100円	75.0%	23.0%	2.0%	100.0%

3）まとめ

　マーケティング費用は、商品の研究開発・生産・販売の為に、市場と顧客を見ながら、戦略的に投下します。広告宣伝費、販促費、流通管理費等の予算は伝統的な組織間のバランスで投入され、組織部門単位で費消されます。

　マーケティング費用の効果を考えるならば、経営戦略上、市場や消費者の変化に応じて柔軟に投入されるべきです。価格制度や取引制度及びその費用もまた然りであり、機能設計・制度設計が議論されてしかるべきでしょう。各企業は自立した経営と機能上相互連携をしていくという選択に迫られています。

第3節　経営収支の改善

　卸売業の経営収支に関わる数値と、売上総利益に関する取引制度を検討して
きました。卸売業にとって、売上総利益から見れば、仕入割戻（メーカー補償）
に見たように、メーカーに肝心要を握られています。
　一方で、卸売業と小売業との関係でいえば、**帳合ビジネス**になっています。
こうした点を全体で見た時に、経営リスクとしては、どのようなことを押さえて
おけばよいのか、改善の糸口はあるのかについて検証しておきます。

１．経営リスクの認識

①卸売業の事業は、メーカー及び小売業との間における帳合ビジネスの性格を
　有しています。帳合獲得と喪失の可能性が常にあります。これによる売上高及
　び利益への影響は大きく、事業継続に関わる可能性があります。特に小売業の
　量販店対象の事業では、帳合獲得と喪失の影響が顕著です。帳合獲得・喪失に
　よって、売上高が年間何億円から何百億円、売上総利益が年間何億円から数十
　億円の増減が見込まれます。帳合喪失した時は、取引高が減少しますので、メ
　ーカー取引条件悪化、及び小売業取引条件悪化がさらに見込まれます。帳合喪
　失の利益減少以上に、営業利益や経常利益が減少する可能性があります。
②卸売業の資金構造上、小売業からの代金回収より、メーカーへの支払いが早い
　ことによる恒常的な運転資金が不足しています。因みに、日用品卸売業の３社
　の運転資金を日数でみますと、次の通りです。

<表3-9．メーカー損益計算書（機能別勘定科目）の例>

	C社	P社	A社
運転資金（日）	３０	２３	２７
売上債権（日）	４８	６５	４５
在庫　　（日）	１８	１９	１６
仕入債務（日）	３６	６１	３４

　注．運転資金日数＝売上債権日数＋在庫日数−仕入日数

第3章　卸売業の経営課題

　P社の仕入債務日数が長いのは、薬系メーカーの支払サイトが90～120日の影響で長くなっています。卸売業は、内部留保が蓄積できておらず、資金調達先である銀行には、資金融資面で最大の注意を要します。融資を断られると、事業の存続が絶たれることになります。

２．経営リスクと対策

　卸売業は、営業キャッシュフローを黒字化する利益体質に改善が必要です。そのためには、次の施策が必要です。

①損益分岐点比率の改善です。少なくとも10％の改善が必要です。

②現行の営業利益率の0.5％～1％を、少なくとも2％台にしていくことです。

３．現状の事業分析

①量販店とのビジネス

　A．卸売業の得意先の中で、量販店とのビジネスでは、帳合の継続性に厳しいものがあります。他の卸売業と同質化している競争の中で、得意先から見て継続的に取引をするために、差別化として何ができるかにあります。

　商品の差別化（マーチャンダイジング、MD）と、機能の差別化（リテールサポートや物流機能等）が考えられます。

　B．量販店とのビジネスは、利益面では大変厳しいのですが、売上総利益（粗利益）の改善の可能性があるのかどうかです。一つは、帳合の拡大戦略は利益を生めるのか、二つ目は、メーカーから利益を獲得できるのか、三つ目が、量販店から利益を拡大できるのかです。

②マーチャンダイジング機能の強化

　強化カテゴリーを選定していくことであり、商品の開発と販売拡大です。

　プロダクトアウト（生産者の都合を優先）からマーケットイン（消費者のニーズを満たす商品であることを最優先）の見方が必要になってきます。

③生産性向上

　生産性向上によるコスト削減を図ることです。対象部門費としては、物流費、

営業費、管理費があります。まず、どの部門から行うかが肝心です。

納品手数料が利益面で大きく影響していることを考えるならば、物流の取組み方と生産性を最初に変えればよいでしょう。

また、人的資源の働き方を見直して、省力化になるシステム化を図ることです。④自社が強い分野への経営資源の投入です。

4. 改善プラン

経営リスクや現状の事業分析から言えることは、経営戦略上、選択できることは、A. 営業拡大による増収、B. MD機能の強化、C. 生産性向上、E. 事業ドメインのあり方から成長性が期待できる新規市場の開拓等があります。

これらをベースにして、改善プランとしてのモデル案を5つ提示しておきます（表3-10 次頁）。モデル企業の売上高は1,000億円とします。

5つのモデル案の骨子は、次の通りです。

【モデルA】営業増収戦略

営業増収戦略によって現状売上高の12%アップした増収120億円を目指します。売上総利益率12.4%を維持して、売上総利益を現状より15億円増益します。営業利益率は1.7%になります。

【モデルB】MD利益戦略

商品構成を変えて、高粗利商品群の構成比を上げます。売上総利益率を現行の12.4%から13.8%にして増益を図ります。売上は現行のままとします。営業利益率は2.0%になります。

【モデルC】コスト改善戦略

売上高は変えずに、コストを削減する案です。販管費を現行の118億円から14億円削減し、104億円にします。コスト削減は、全部門とも生産性向上が鍵になります。営業利益率は2.0%になります。

【モデルD】ミックス戦略（モデルB/MD利益の増益とモデルC/コスト削減）

売上総利益率を+0.7%アップし、コストは7億円削減する案です。営業利益率は2.0%になります。

第3章　卸売業の経営課題

【モデルE】新事業戦略

　新しい事業を起業化します。ここではメーカーを想定した時の戦略です。営業利益率は5.0%とします。

<表3-10. 現行と改善プラン>

科目（億円）	現状	モデルA 営業増収	モデルB MD利益	モデルC コスト改善	モデルD MDとコスト改善のミックス	モデルE 新事業
売　上　高	1,000	1,120	1,000	1,000	1,000	400
売 上 原 価	876	981	862	876	869	280
売上総利益	124	139	138	124	131	120
販　管　費	118	120	118	104	111	100
営 業 利 益	6	19	20	20	20	20
科目(%)	現状	モデルA	モデルB	モデルC	モデルD	モデルE
売　上　高	100.0%	100.0%	100.0%	100.0%	100.0%	100.0%
売 上 原 価	87.6	87.6	86.2	87.6	86.9	70.0
売上総利益	12.4	12.4	13.8	12.4	13.1	30.0
販　管　費	11.8	10.7	11.8	10.4	11.1	25.0
営 業 利 益	0.6	1.7	2.0	2.0	2.0	5.0

　いずれのモデル案も、実行して初めて成果を手にすることができます。

　戦略案の具体的な検討は、第6章で行います。

第4節 マージンビジネスからフィービジネスへ

1. メニュープライシングを考える背景

　卸売業と小売業との間で発生するコストは、取引条件により、コスト構造が変わります。また、メーカーと卸売業との間も、果たすべき役割により、コスト構造は変わります。業務プロセスと業務のレベルを例示的にあげます（表3-11）。業務レベルによって、費用負担額が増減し、変わることを示しています。

　現在は、小売業の客先によって業務内容は変わっても、一律の費用が計上され、粗利益の中に客先一律の費用が計上されているとの考え方がとられています。

<表3-11. 業務プロセスと業務レベル>

業務プロセス	業務レベル（コスト増>減）
営業	①高サービス：カテゴリーマネジメント（コスト増） ②標準サービス：配荷・陳列、新製品紹介、販促計画、棚割提案 ③オプション：バイヤー業務代行（コスト増）
受注処理	①受注方法：ＥＯＳ＜ＦＡＸ＜電話（方式でコスト増減） ②マスター登録・保守
物流	①受注・出荷方法：ケース単位＜内箱単位＜ピース単位 ②仕分方法：総量仕分＜店別仕分＜カテゴリー別仕分 ③配送費：センター納品＜店別納品 ④返品作業：メーカー返品可>否
代金回収 支払	①売掛金・未収金請求照合（照合の情報化レベルで増減） ②買掛金支払照合（照合の情報化レベルで増減） ③仕入先支払い案内・客先代金回収確認
店頭支援サービス	①基本メニュー：店頭補充、陳列 ②オプション：棚卸、販促展開（コスト増）
センターフィー	センタータイプ別フィー支払い ①在庫型>②総量型>③店別型
金利	①現金又は手形、②締日回数、③締め後回収日

第3章　卸売業の経営課題

　卸売業と小売業との間の取引条件により発生するコストは、小売業によって違いますし、小売業毎に開きがあります。例えば、センターフィーは、卸売業の営業利益に大きな影響を与えます。従来、卸売業は販売管理費に計上していましたが、最近は売上高控除科目にしています。返品は、マーケティングや品揃えのまずさ加減のコストです。

　取引の実態や今後のあり方を考えるならば、サプライチェーンに関わる企業は、サプライチェーンの最適化によって、消費者に最大の価値をもたらすことだと考えています。

　中でも、卸売業は、サプライチェーンの最適化によって、消費者に最大の価値をもたらすことです。そのための機能と応分のコストを負担するべきです。

　卸売業は、自らメーカーとの取引制度や小売業向けの取引制度を設計することを検討し、提案するべきです。その鍵は、役割（機能）と、機能に応じたコスト設計をすることです。これが、メニュープライシングの考え方ですし、機能毎に達成型のフィービジネスになります。

　即ち、小売業への納入価格の中にコストが含まれているとするコスト込み方式から、メーカー蔵出し価格にコストをオンする方式への転換になります。

<図3-6. 価格体系モデルの転換>

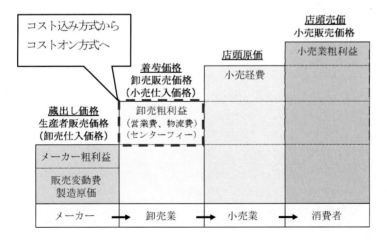

２．業務プロセスとコストモデル

　メニュープライシングを考える上で、業務プロセスとコストをモデルにしますと、業務プロセス毎にメニュープライシングのモデル経費率が設定できます。これに基づき、小売業との間の取引時の料率（フィー）を決めることができます。

　例えば、業務プロセスに応じた経費率を設定してみることができます（表3-12）。顧客によっては、業務プロセスを細分化することも、まとめることもできます。

<表3-12. 業務プロセスとコストのモデル>

業務プロセス	営業	受発注	決済	管理事務	物流	店頭管理	計
モデル経費率	3%	2%			3〜8%	1%	9〜14%

　小売業との間のメニュープライスは、取引の形態によって、コストを設定することもできます。営業には、労務の無償提供の要請があり、泥臭い仕事が多くあります。例としては、店舗開店・改装時作業応援、商品マスター・ファイルの作成代行・維持管理、棚割作成、バイヤーの書類作成支援、緊急納品、棚卸等です。こうしたことが、メニュープライスを考える時に妨げになるかもしれません。取引機能が、本来何のためにあるのかを詰めていくことが大事です。

　フル機能で取引することから始まり、小売業によっては、卸売業の一部の機能のみを提供すればよいこともあるでしょう。小売業との取引のモデルを4通り考えて、メニュープライスを設定したケースです（表3-13）。

<表3-13. メニュープライスの例>

モデル	取引の形態によるメニュー内容	フィーの例
A	卸売業がフル機能を担う。	8〜13%
B	商談はメーカーが行い、他機能は卸売業が担う。	6〜11%
C	卸売業が受発注・物流・代金決済のみを担う。	5〜10%
D	卸売業が物流のみ行う。	2〜7%

第3章　卸売業の経営課題

3．メニュープライシング・シミュレータ

　メニュープライシングを進めるに当り、ＡＢＣ[1]（Activity Based Costing, 活動基準原価計算）をベースとしたメニュープライシング・シミュレータの開発が考えられます。

　開発目的は、次の通りです。

・メーカーからの最適な調達プロセスを構築し、調達コストの削減と最適化を図ることと、
・小売業へのサービスレベル（機能）の維持と向上を図ることです。

ＡＢＣをベースとしたメニュープライシングをイメージした表を掲載しておきます。

<表3-14. メニュープライシングをイメージした表>

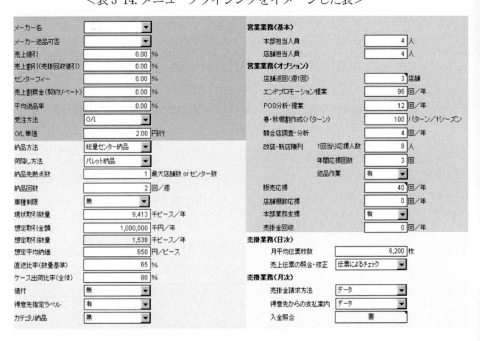

注1）ＡＢＣについては、第5章第1節147頁〜149頁参照。

4．マージンビジネスからフィービジネスに転換

　卸売業が、本格的にリテールサポートを行う時には、マージンビジネス（粗利益ベース）よりは、フィービジネス（機能達成型）にすることが肝心です。リテールサポートのメニューの機能毎にフィーを設定する方式が適切です。

　フィービジネスは、コストオン方式になりますので、納入側にも仕入れる側にも、真のコスト競争が起きるでしょう。流通にかかわるコストが商品原価と区別されて明確になり、流通にかかわるコストの低減競争が求められます。低価格・低いフィーで高い機能発揮する企業に取引が集中する可能性があります。

第 3 章　卸売業の経営課題

第４章
卸売業のマーケティング

第4章　卸売業のマーケティング

第1節　マーケティングとマーチャンダイジング

フィリップ・コトラーが、『私の履歴書』（日経2013年12月1日）の冒頭に次のように書いています。

「マーケティングと聞いて何を思い浮かべるだろうか。広告宣伝などの販売促進と思う人が多いが、それは氷山の一角にすぎない。

一言でいうのは難しいが、業績向上と顧客の価値・満足を創造することで、人々の生活の改善を目指す実践的な学問だ。」

1．本稿の目的

マーケティングの一番元になっているのは、マーケティング・フィロソフィーです。この基本的な考え方（哲学）は、「企業とは何か」というところから始まります。企業にとって、取り扱う商品やサービスこそが、企業の原点です。どんな会社かが、最も表現されているのは、顧客に販売している商品です。実は、商品は企業の命なのです。

消費者起点として、常に消費者の立場に立って全ての物事を考え、行動することです。会社をあげて社員一同が、商品を消費者の立場で、商品を開発し、発掘し、販売しているかが肝心なことです。

消費者がより美しくなる、より健康になる、より便利になるための商品を見つけ、開発して、消費者に「感動」を提供することです。

消費者にとって価値ある「商品やサービス」とは、消費者が求める次のような基本的要素を満たしている「商品やサービス」のことです。

一つ目は、人や環境に優しく、社会的有用性であること。

二つ目は、消費者が求めるニーズに対して実感できるベネフィットがあり、その結果、消費者が価値を認め満足でき、感動できることです。

本稿は、企業の基本理念に即して、卸売業のマーケティングについて、その考え方と行うべき行動の基準を明らかにしようとするものです。

第1節　マーケティングとマーチャンダイジング

　卸売業だからといって、特別なマーケティングがあるわけではありません。
マーケティングの基本原理に従って、「消費者起点」で考えてみることと、「小
売業の店頭」を中心にした展開をします。

　インターネット時代になった今日、企業からも人々からも情報がたくさん生み
出されています。かつて企業側だけが商品に関する様々な情報を持っていました。
しかしながら、今はどうでしょうか。ソーシャルメディア[1]が次々に出現して、
企業にとって都合のいい情報を流すだけの時代は終わりを告げています。消費者
と企業との**情報の非対称性**が終わろうとしています。人々は自ら情報を作り出し、
他の方の役に立つ情報をネット上に公開しています。大量に作られた情報を探し
やすくする検索エンジンの利用も行われています。したがって、今日、企業と消
費者は、情報に関する能力が同等になってきています。

　企業活動を振り返ってみますと、企業は、消費者に「教える」というマーケティ
ングになっているのではないでしょうか。いささかオーバーな表現をすれば、
大上段に構えたマーケティングになっていたのでしょう。例えば、メーカー発の
広告が有効とは言えなくなってきています。消費者間の口コミのほうがはるかに
有効だったりします。

　伝統的なマーケティングのスタイルを本稿でも書いています。それだけでは
なく、本稿を読まれている方が、会社勤めをしていても、家庭に戻れば一人の消
費者でもあります。一人のヒトとして、作る・売る側と、購買・消費する側の二
面性をもっています。

第6章「卸売業の経営戦略」で、ユーザー（消費者）による商品開発に言及して
いますが、背景としては同様な考えから書いています。

　消費者起点で考えるとは何か、マーケティングとは何かを考えながら、言及
していきたいと考えています。

注1）ソーシャルメディア（Social media）とは、誰もが参加できる広範的な情報発信技
術を用いて、社会的相互性を通じて広がっていくように設計されたメディアです。双方向
のコミュニケーションができることが特長です。

第4章　卸売業のマーケティング

2．マーケティングとは何か

　「マーケティングとは何か」を考えるに当り、アメリカ・マーケティング協会（AMA）の2007年版の定義を紐解いてみます。「マーケティングとは、顧客やクライアント、パートナー、さらには広く社会一般にとって価値あるオファリングス（提供物）を創造・伝達・提供・交換するための活動とそれに関わる組織・機関、および一連のプロセスのことである」とされています。

　また、日本マーケティング協会（JMA）の定義では、「マーケティングとは、企業および他の組織がグローバルな視野に立ち、顧客との相互理解を得ながら、公正な競争を通じて行う市場創造のための総合的活動である」としています。

　ここに述べられているマーケティングとは、企業経営そのものともいえます。経営でまず考えることは、何の価値を生み出し、顧客に提供するかということと、顧客は誰かということです。

　商品やサービスという価値生み出し、顧客に届けるために、組織（例：会社）を作ります。組織は商品を市場に出していくために、研究開発・生産・広告宣伝・販売・品揃え・売場作り・物流・管理等といった一連のプロセスに基づく活動をします。提供した商品やサービスの価値が支持され、売上と利益が上がりますと、組織とその関係者に恩恵（給与、利息、配当等）がもたらされるのです。

　マーケティングとは、商品やサービスを顧客（消費者）に使っていただくために**商品を市場化していく経営活動**に他なりません。さらに言うならば、「**売れる仕組みづくり**」と考えています。

3．マーチャンダイジングの定義

　マーケティングもマーチャンダイジングも広義には顧客を創造するために、商品戦略から事業戦略や経営戦略へと考え方が発展し、拡大してきております。用語が使われる場面が、前者は主に製造業で使用されています。後者は主に流通業で使用されています。両者とも全社的な経営活動であるといっても差し支え

78

第1節　マーケティングとマーチャンダイジング

ないでしょう。

　マーチャンダイジングのそもそもの定義を確認しておきます。マーチャンダイジング（merchandising）は、「商品化計画」ともいわれ、前述のように、卸売業や小売業のような流通業によって使われることが多い用語です。この用語に関しては、論者によって様々な使われ方がされており、意味するところもかなり異なっています。

　マーチャンダイジングに含まれる業務が、商品選定や仕入等に限定する場合もあれば、広く商品開発や価格決定なども含める場合もあります。いろいろな捉え方がなされているのがマーチャンダイジングです。代表的な定義を、何点か取り上げてみます。

1）日本リテイリングセンター

　マーチャンダイジングは、原料から消費の終了までの商品の全過程（流れ）を自ら設計（デザイン）し、統制（コントロール）することをいいます。客に商品を提供するために必要なすべての活動の総称です。マーチャンダイジングは、主として、チェーンストア業界で用いられる用語であって、「商品開発」の代わりに使う場合が多いのです。本来は、これによって生産まで責任を持つことになり、チェーンストアは単なる販売業ではなくなり、別の産業に変わります。仕入だけに頼るなら、単なる仲介業です。単に品揃えだけを言う時は、アソートメント[1]と表現します。

注1）アソートメント(assortment)は、品揃えの略称です。また、商品構成と部門構成と品種構成の総称です。品揃えとは、品目と陳列量との組み合わせです。売価とともに、販売を左右する2大要素の一つです。品揃えは、「お客が豊富だと思う品揃え」で、品目を、売れる品、売りたい品、見せたい品に区分して決定します。あるいは、品目毎に、売れ筋、見せ筋、もうけ筋、死に筋に分類する方法もあります。

出所『チェーンストアのための必須単語1001/1999年版』日本リテイリングセンター編著
　（用語説明中一部編集）

2）アメリカ・マーケティング協会

　アメリカ・マーケティング協会では、マーチャンダイジングを「企業のマーケ

第4章　卸売業のマーケティング

ティング目標の実現に最も適うような場所、時期、価格、そして数量で、特定の
商品やサービスを市場に提供する際に必要な計画と管理である」と定義していま
す。同協会のコメントでは、この用語は、卸・小売業界で広く使われており、多
くの製造業者は、この活動を「製品計画」あるいは「製品管理」と呼んでいると
述べて、マーチャンダイジングがどのように使われているかを説明しています。
出所：「アメリカ・マーケティング協会（AMA）のマーケティング定義（2004年版）」

3）田島義博氏の定義

　マーチャンダイジングとは、流通業が、その（経営）目標を達成するために、
マーケティング戦略[2]に沿って、商品、サービス及びその組み合わせを、
最終消費者のニーズに最もよく適合し、かつ消費価値を増大するような方法で
提供するための、計画・実行・管理のことです。
出所：『マーチャンダイジングの知識　第2版』田島義博著　日経文庫、一部筆者加筆
注2）マーケティング戦略「マーケティングは、組織的な活動であり、顧客に対し価値を
　　　創造し、価値についてコミュニケーションを行い、価値を届けるための一連のプロセス
　　　であり、さらにまた組織及び組織のステークホルダーに恩恵をもたらす方法で、顧客関
　　　係を管理するための一連のプロセスである」出所：「アメリカ・マーケティング協会
　　　（AMA）のマーケティング定義（2004年版）」

4）マーチャンダイジングは品揃え

　マーチャンダイジングをいずれの定義にしようとも、卸売業の経営からみます
と、マーチャンダイジングは経営活動の本質を考えることです。顧客に何を売り
たいのかを**品揃え**で表現するものだからです。

　卸売業の実務では、マーチャンダイジングを品揃え（商品構成）と理解し、商
品の開発や調達を通じて、戦略的に品揃えを行う活動とします。

　したがって、商品を販売したい顧客に対して、顧客毎に品揃えに必要なこと（
品目、場所、タイミング、価格、量など）を、体系的に考えて供給します。

　また、マーチャンダイジングの構成要素としては、①商品企画・開発、②品揃
え、③店舗へ商品供給、④店頭陳列を考えることになります。

80

第1節　マーケティングとマーチャンダイジング

4．商品コンセプト

1）商品コンセプトはベネフィット

　商品を企画・開発する上で、マーケティングやマーチャンダイジングの基本の一番にあるのは、「**商品**」です。

　商品の**コンセプト**は、消費者に対して、商品が与える**ベネフィット（便益）**や消費者の観点から商品の持つ意味を表現したものです。商品の特徴を一言で表したものですし、消費者ニーズに対して商品の何をもって応えるのかを表したメッセージの根幹です。

　かつてセオドア・レビット（米国マーケティング学者、1925年生）は、マーケティング・コンセプトを発表しています（1960年『Marketing Myopia』）。「ドリルを買うのではない。ドリルで穴を開けたいからドリルを買うのだ」と主張しています。商品そのものというよりも、消費者のベネフットがいかに大事であるかを喝破しています。

　成功する商品コンセプト[1]は、新カテゴリー・新市場を創造し、消費者にベネフィットを与えるものです。**新カテゴリー・新市場**は、消費者に新しい市場が登場したことを知らせます。新カテゴリーはその商品が「何であるか」を伝えるという点で、商品名（ネーミング）よりも、重要です。例えば、新カテゴリーは「宅配便」、商品名は「クロネコヤマトの宅急便」です。宅配という市場を構築したことが、消費者にとって新しく登場したことになり、消費者のベネフィットの琴線に触れたから大きく成長したのです。カップめん（新カテゴリー）とカップヌードル（商品名）も同じことが言えます。

注1）『ビジュアル図解 ヒット商品を生む！消費者心理のしくみ』梅澤伸嘉著 同文館出版 平成22年が参考になります。

第4章　卸売業のマーケティング

　消費者の生活ニーズの中でいまだに充足していないものを実現することが、**ベネフィット**です。こうした消費者ベネフィットをもたらすニーズは消費者に聞いても出てくることは滅多にありません。商品を開発する過程で、アイディアを思いついたら、消費者にとってどのようなベネフィットがあるか考えてみることです。ベネフィットを思いついたらどんなアイディアでそれを達成するか考えてみます。商品の開発を進めるに当たり、持っているシーズをニーズに転化できるだけの技術力やノウハウを持つことです。

　卸売業として、メーカーや小売業と協力して、消費者に受け入れられるために、商品を正しく伝える必要があります。消費者は広告やパッケージから短時間で「何である」、「どう良い」を判断し、魅力的だと思う商品を買います。短時間とは、一説には3秒といわれています。したがって、商品コンセプトを表現するには、「新カテゴリー（新市場）」と「商品独自の強み」をコンパクトに印象強く訴えることになります。

　消費者に受容される商品コンセプトを開発し、そのコンセプトに従って、商品仕様を具体的に設計できるようになることが、マーチャンダイジングに携わる者に課せられた能力です。そのために、商品開発の現場や産地、生産現場に行き、原材料の成り立ちから商品を研究するようにします。また、洗剤や化粧品の主原料である界面活性剤の基礎を学ぶことも大事です。この地合いが、後に商品開発時に発揮されます。**商品の目利き**とは、商品が訴えているコンセプトを新カテゴリー（新市場）と消費者のベネフィットの視点から見抜く力といえるでしょう。

5．商品の品揃えと分類

1）品揃え

　マーケティングやマーチャンダイジングの基本の二番にあるのが、**品揃え**です。**品揃えは、テーマや課題にそったアイテム（品目）の組み合わせ**です。卸売業にとって、品揃えは社会的な役割そのものですし、産業界の中で、品揃えをすることが、企業の独自性に関わります。

第1節　マーケティングとマーチャンダイジング

　一般的には、商品の機能や用途によって、商品を分類し、品揃えをします。最近では、消費者が使用する生活場面で商品をまとめて陳列することから、生活シーンによる分類をして、品揃えをします。品揃えをしていく時に、どのような主張をしようとしているか、自社や顧客の商品の分類体系を理解しておくことです。あるいは、独自の考えで品揃え体系を作ることです。

２）分類

（１）分類とは

　商品分類は、一般的には大分類から、中、小、細分類、最終的にはＳＫＵ（stock keeping unit：単品）になります。制度的には、総務省統計局統計基準部が定めています「日本標準商品分類」があります。小売業の一般的な商品分類基準は、表4-1の通りです。

<表4-1. 小売業の商品分類基準>

商品分類基準	説明
グループ	グループは、**衣・食・住の３分類**が該当します。
デパートメント（部門）	デパートメントは、グループを細分化した単位です。衣料品グループでは紳士用品、婦人洋品など、食料品グループでは精肉、青果、鮮魚などの区分です。
ライン（大分類）	ラインは、デパートメントを**機能別・用途別**などの基準で細分化した単位です。例えば、婦人洋品ではブラウスや婦人服などです。
クラス（中分類）	クラスは、ラインを**顧客が選別**できるような基準で細分化した単位です。例えば、ブラウスなら半袖か長袖、カジュアルかフォーマルかに細分化します。
サブクラス（小分類）	サブクラスは、クラスを共通の**品種**として細分化した単位です。例えば、フォーマルのブラウスであれば、素材別や色別単位です。
アイテム（**品目**）	アイテムは、サブクラスを明確に区別できるように細分化した単位です。例えば、同じブラウスでも、価格帯によってアイテムを複数設定します。
ＳＫＵ	ＳＫＵは、１品１品を指します。顧客が購入する単位です。

出所『販売士２級』清水、大宮、大坪共著 税務経理協会 一部筆者編集

第4章　卸売業のマーケティング

　小売業における分類の考え方を補足しておきます。分類は、分類条件に従って、分類の在り方を一年に一度は変更するようにします。分類は、「分ける」のが基本ですが、「どのような仲間を集めるか」を考えるべきでしょう。即ち、消費者の「使う、食べる」立場になって、商品を集めて、新しいカテゴリーを作ってみることや、新しい**グルーピング**を考えてみることです。

　機能や用途を中心にした分類体系を生活シーンによる分類にしていくには、アイテム（品目）間のテーマ毎の連結が必要です。

　大分類や中分類では、客層と用途を理解したうえで行うとよいでしょう。

　客層分類としては、①性、②世代、③家庭内での立場、④世帯当たりの人数、⑤住所、又は勤務先、⑥ライフスタイル、⑦趣味・趣向、⑧所得、⑨年齢、⑩使用客層、⑪購買客層等があります。

　用途分類としては、購買動機等があります。

（2）分類の原則

A．購買頻度、商圏人口、価格ゾーンを重視します

B．ＴＰＯＳを重視します。　（time, place, occasion, lifestyle）
　　どんな時に、どんな所で、どんな動機で、どんなライフスタイルで客がモノやサービスを買うのかを考えます。

C．客層はより広い範囲を狙います。購買客層と使用客層は分けます。

（3）分類決定手順

A．大分類・中分類・小分類と決めていきます。

B．年に一度以上は時流に合わせることと、品揃え技術の向上のために分類を検討します。

C．分類を季節で変化をします。

第1節　マーケティングとマーチャンダイジング

（4）日用品卸売業の商品分類の例

　日用品卸売業の商品は、商品マスター上は何十万ＳＫＵとありますが、実際に
出荷するのは2〜3万ＳＫＵです。ある日用品卸売業の商品分類は、大分類、中
分類、小分類、細分類に分かれています。例示しますと、下記のようになってい
ます。表では、大分類及び中分類の途中を省略していますが、大分類で60、中分
類で321、小分類で993でした。

<表4-2. 卸売業の商品分類基準>

大分類	中分類	小分類	細分類
衣料用洗剤	衣料用洗剤	プレケア剤	塗布型
衣料用洗剤	衣料用洗剤	プレケア剤	スプレー型
衣料用洗剤	衣料用洗剤	ヘビー洗剤	コンパクト
衣料用洗剤	衣料用洗剤	ヘビー洗剤	液体
衣料用洗剤	衣料用洗剤	オシャレ着ケア剤	オシャレ着洗剤
衣料用洗剤	仕上げ剤	漂白剤	酵素系液体
衣料用洗剤	仕上げ剤	漂白剤	酵素系液体コンパクト
衣料用洗剤	仕上げ剤	漂白剤	塩素系
衣料用洗剤	仕上げ剤	柔軟剤	液体
衣料用洗剤	仕上げ剤	柔軟剤	液体コンパクト
台所用洗剤	食器用洗剤	コンパクト	
台所用洗剤	食器用洗剤	大容量（業務用）	
住居用洗剤	バスクリーナー	液体	本体
住居用洗剤	バスクリーナー	液体	詰替え
住居用洗剤	カビ取り剤」	液体	本体
住居用洗剤	カビ取り剤」	液体	詰替え
大分類計60	中分類計321	小分類993	

　自社の商品分類体系を参照してみるとよいでしょう。

85

第4章　卸売業のマーケティング

6．マーチャンダイジングの戦略的展開

　顧客に販売するに当り、品揃えを考える時に、カテゴリーの定義や役割、戦略の優先順位、品揃え基準、アイテム数を決めています。

　カテゴリーは、小売業がターゲットとする顧客層の欲求を満足させるために、相関性や代替性があると明確に判断できる管理可能な商品グループを指します。

　最初に、そのカテゴリーにおける顧客層のニーズは何かを考え、それに適合する商品を選択し、**グルーピング**します。

　次に、そのカテゴリーの商品を顧客が購買する際に、どんな**優先順位**に基づいて買うのかを考えます。

　さらに、**代替購買**の段階はどこにあるかを考えます。

　カテゴリーマネジメントでは、顧客ニーズに合わせた特定のカテゴリーを戦略的ビジネスユニット（SBU）として、売場作り、利益管理、プロモーション、ロジスティクスなどを、そのカテゴリー単位で統合するビジネスユニットです。カテゴリーマネジメントは、カテゴリー単位に売上と利益を追求することを目的にしたマーチャンダイジングの展開です。

　以上のカテゴリーの考え方をもって、品揃えを大分類ベースで、戦略的に販売する戦略カテゴリー、基本カテゴリー、補完カテゴリーに分けています。

　戦略カテゴリーは、卸売業として事業戦略の核にするカテゴリーです。

　基本カテゴリーに属する商品は、中分類から小分類ベースで検討し、市場動向と適合したSKU数を、マーケットシェアをベースにして決めます。

　補完カテゴリーは、基本カテゴリーにプラスして、小売業に独自性のある商品と品揃えを提案します。

　品揃えを3カテゴリーに分けて戦略展開することによって、明確なカテゴリー戦略が展開でき、適正な在庫を保てます。

第1節　マーケティングとマーチャンダイジング

7．マーケティングとマーチャンダイジングの組織

　マーケティングとマーチャンダイジングの組織の内、マーチャンダイジング（MD）部門の活動領域を例示的に挙げておきます。
　卸売業にとっては、根幹になる組織です。つまり、メーカーから仕入れて、小売業に販売していくプロセス（過程）の中で、何を仕入、品揃えをして、販売をするのかを、営業戦略に従って、決める部門だからです。
　その上に、小売業のリテールサポートシステムを提案していく部門でもあります。販売計画に基づき、年間の商品構成を計画し、仕入計画を作ります。利益計画においては、メーカーとの交渉で粗利益の大筋を決めることになります。

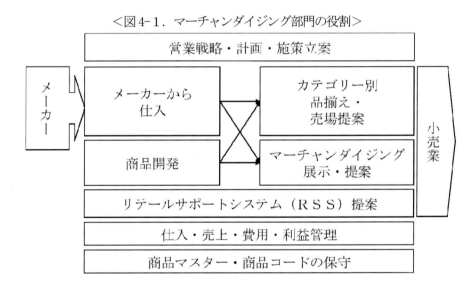

＜図4-1．マーチャンダイジング部門の役割＞

第4章　卸売業のマーケティング

第2節　マーケティングの基本施策

1．マーケティング・マネジメント

1）マーケティング戦略

　マーケティングは、**企業理念**から始まります。即ち、会社は「何のために存在するのか」から始まり、その存在意義を具現化するために、経営を行っているのです。そこから経営戦略が生まれ、企業グループ全体の戦略のような全社戦略や個別企業の事業戦略に繋がっていきます。この事業戦略の中心をなすのが、**マーケティング戦略**です。

　マーケティングは、ヒト、モノ、カネ、情報といった経営資源を有機的に結びつけて、消費者にベネフィットのある商品を提供する役割を果します。

　次に、マーケティングは、**企業各部門の組織機能（役割）**とも関連します。企業活動の原点は、キャッシュをもたらす**顧客**です。顧客こそが企業内の組織機能がどうあればよいかを考える時の出発点です。顧客の期待に応えて、各々の組織がその役割を最大限に果していくように機能統合していくのが、マーケティングでもあるのです。

　マーケティング戦略の立案・実行のプロセスをみてみましょう。このプロセスは、大きく3つのステップからなります。

①マーケティング環境分析と市場機会の発見

②**セグメンテーション、ターゲティング、ポジショニング（STP[1]）**

　（Segmentation/市場細分化、Targeting/標的市場、Positoning/顧客の中の位置）

　顧客市場のどの部分に焦点を当てるかを決定します。市場をいくつかの**セグメンテーション**に分けて、自社が有利に戦えそうな特定部分を選び出し、その**ターゲット**に対して、明確な**ブランド・ポジション**を規定します。

注1）「新流通マーケティング入門講座」恩蔵直人著『Chain Store Age 2013/8/15』
　　　『マーケティング戦略[第4版]』和田、恩蔵、三浦著 有斐閣 2012年3月

第2節　マーケティングの基本施策

　セグメンテーションでは、かつては**マス・マーケティング**が有効に機能していた時代がありました。1つの商品をマス生産し、マス流通させ、マス・プロモーションすることで、すべての消費者に売り込むことができました。

　今日、1つの商品で市場のすべてを満足することはできなくなりました。**ミクロ・マーケティング**になりました。それは、さらにセグメントを狙う**セグメント・マーケティング**、ニッチを狙う**ニッチ・マーケティング**、個を狙う**カスタマイズ・マーケティング**になってきています。

　ＳＴＰは、マーケティング・ミックスを実施する前に取り組むべきことです。カスタマイズ・マーケティングになるにしたがって、ビッグデータ等を使って消費インテリジェンス[1] の視点から消費者分析がますます必要になります。

③マーケティング・ミックス

　マーケティング・ミックスは、マーケティング目標を達成するためにコントロールできる手段（戦略）をいい、一般的に**４Ｐ（Ｐｒｏｄｕｃｔ、Ｐｒｉｃｅ、Ｐｌａｃｅ、Ｐｒｏｍｏｔｉｏｎ）**に代表されます。

　４Ｐは相互に密接に関わり合っています。それらをいかに組み合わせて使うがマーケティング目標を達成するためには大事です。この時も、商品をいかに消費者に的確に使える状態にするかがポイントになります。いかに有効な商品戦略、価格戦略、流通戦略、コミュニケーション戦略を組み合わせて実行していくかを決定します。その要点を表4-3に掲載しておきます。

<表4-3. マーケティング・ミックス>

商品戦略 （Product）	**商品コンセプト**に基づく商品・サービスの創造こそが、**価値**を生み出します。商品開発のプロセス、商品の価値、及び品揃えのあり方は、売場作り（流通戦略、コミュニケーション戦略）と並んで理解すべきことです。
価格戦略 （Price）	価格は、商品・サービスの**価値**を表示します。価格設定の主導権を握れるかどうかです。

注1）消費インテリジェンスは、第2章第2節28頁を参照

89

第4章　卸売業のマーケティング

流通戦略 （Place）	①自社組織（自社で構成）で行うか、外部組織（代理店等）を活用するのかです。 ②外部の流通組織は、消費者と接する小売業と、消費者と直接に接しない卸売業に分かれます。	
コミュニケーション戦略 （Promotion）	コミュニケーション手段	①広告（テレビ、ラジオ、新聞、雑誌、インターネット、看板）
		②販売促進（消費者向け、流通向け）
		③人的販売（営業販売活動）
		④パブリシティ（テレビ、新聞、雑誌、インターネット等のニュースや記事）
		⑤口コミ（消費者同士のネットワークによる双方向的なコミュニケーション）

2）マーケティング・マネジメントのサイクル

　マーケティング戦略プロセスの①から③の結果を速やかに評価し、戦略にフィードバックしていく**マネジメント・サイクル**（計画・実行・評価）の仕組みを作ります。マーケティング計画立案と予算管理、マーケティング情報システムと管理、マーケティング組織と人材育成については、仕組みの中に織り込んでおくことです。

　マーケティングは、市場創造の技術、競争に勝つ技術、情報の技術です。
従って、シェア、売上、利益の3つの指標を上げるための諸活動を行います。
マーケティング（MDを含む）に関連する組織及び担当者は、常にこのマーケティング・マネジメントに基づき、仕事を行うことになります。

　そのときの視点は、マクロの視点としては①環境分析等々がありますが、常に**消費者の立場**、消費者の視点になって考えることが基本です。②STP（セグメンテーション、ターゲティング、ポジショニング）、③マーケティング・ミック

ス（4P）いずれも消費者の視点がベースになります。

3）店頭は商品との出会いの場

　小売店頭は、商品と消費者の出会いの場です。伝統的な製配販のマーケティングにおける商品と消費者の関係は、図4-2のとおりです。

　消費者は、購買し消費する時に、**三つの顔**を持っています。購買を**意思決定**する人、**購買**する人、実際に**消費**する人の三つです。紙おむつが典型ですが、母親が商品を選び、購入し、赤ちゃんが使用します。男性化粧品も意外と三つの顔が異なっているものです。

　消費者を"使う人"という視点だけではなく、"ショッパー（買う人）"という視点でも見る必要があります。店頭での購買決定率が70％あると、現状では報告されています。広告宣伝施策以上に店頭購買施策が重要になります。メーカーのマーケット費用分析をしますと、この点がちぐはぐになっているのではないでしょうか。第3章第2節「6．メーカーから小売店までの費用」の項（63頁）で、製配販の価格体系モデルで述べている点です。

<図4-2．マーケティングの関連>

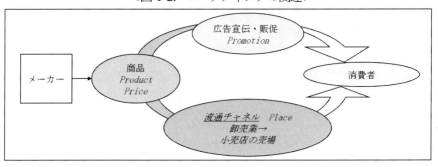

第4章　卸売業のマーケティング

3．マーケティング活動

1）マーケティング活動と売上構成要素

①売上構成要素

　マーケティング活動を、売上の側面から言いますと、商品の市場規模とマーケットシェアの積になります。

　　　　売上＝市場規模×マーケットシェア

　商品の「市場規模」に働きかけるのが**ブランド戦略**です。「マーケットシェア」は、**チャネル戦略**によります。

②ブランド戦略

　ブランド戦略は、顧客数と普及率の積で表すことができます。

　　　　ブランド戦略＝顧客数×普及率

　顧客数は、商品が対象とする人口、世帯数、性別・年齢等になります。

　商品の**普及率**を上げるために、マーケティング施策上、広告宣伝や啓蒙活動を行います。指標としては、知名率、使用経験率等です。いずれも率を向上させることが目標になります。

③チャネル戦略

　チャネル戦略は、顧客接点数とインストアシェアの積になります。

　　　　チャネル戦略＝顧客接点数×インストアシェア

　顧客接点数は、店舗への有効配荷が要になります。

　インストアシェアは、店舗毎の客単価と客数によります。インストアシェアは、**個別店管理**が基本です。定番、エンドのアウト展開等が対象になります。

　マーケティング施策は、**商品力**が基本です。商品力をいかに維持し、向上していくかにあります。一方で、**販売力**である販売員の基本活動（チャネル戦略）次

第2節　マーケティングの基本施策

第で店頭での展開が変わります。即ち、定番やエンド展開等の施策や購買促進策次第です。

また、企業としては小売業との**共同取り組み**等の企業ぐるみの活動があるでしょう。

以上の考え方を図解したのが、図4-3です。マーケティング活動の要素が、どういった拡大要因に関わるかが表されています。

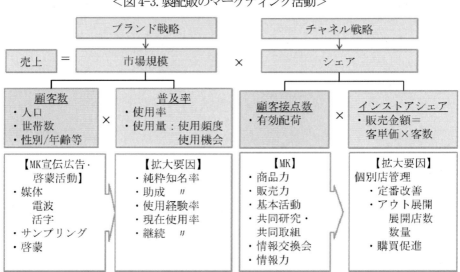

2）マーケティングの活動要素

商品と消費者を結ぶマーケティングの活動要素から見ますと、店頭、媒体、啓蒙の三つになります。

店頭活動では、配荷拡大、購買促進、インストアシェアが要になります。
媒体では、テレビCM、新聞、雑誌、その他の広告等があります。
啓蒙には、サンプリング、病産院活動、料理教室等があります。
いずれも、商品と消費者をいかに結び付けるかという点では、商品毎にマーケ

第4章　卸売業のマーケティング

ティング活動の重点が変わります（図4-4）。販売活動は、店頭と啓蒙が中心になります。

<図4-4. 製配販のマーケティング活動要素>

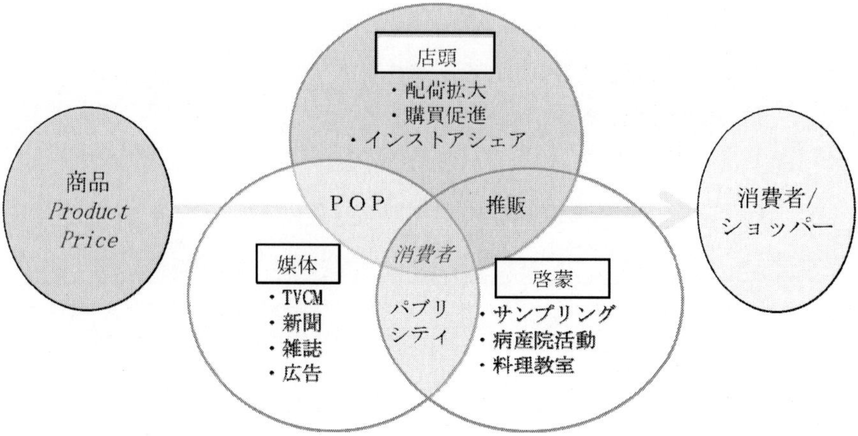

店頭
・配荷拡大
・購買促進
・インストアシェア

商品
Product
Price

ＰＯＰ　　推販

媒体
・TVCM
・新聞
・雑誌
・広告

消費者
パブリシティ

啓蒙
・サンプリング
・病産院活動
・料理教室

消費者/
ショッパー

3）サプライチェーンから見たマーケティング

　卸売業が市場としている消費財（主に日用品）のサプライチェーン（SC）の流れを追ってみましょう。マーケティング・ミックスで取り上げました流通戦略の実例です。

　日用品の流通チャネルは、2段階若しくは3段階になっています。メーカー、卸売業（元卸、二次卸）、小売業が、それぞれの役割を果しながら、商品が消費者の手元に届けられています。

　また、コミュニケーション戦略で言えば、人的販売の典型で、卸売業は、小売業に対して直接営業活動を行っています。小売業の個別企業毎に言えば、人的関係の強弱が、取引の規模を決めることがあるほど、卸売業の営業活動ではコミュニケーション戦略として**人的関係**は重要です。

4）伝統的な製配販におけるマーケティングプロセスと戦略指標
（1）活動は加算行為、成果は積算行為
　伝統的な製配販のマーケティングは、小売店頭で消費者が商品を購入して始め

て成果が出ます。消費者と商品とのコミュニケーションが成り立つのは、マーケティングの各プロセスが、遂行されていくという「**加算**」行為によります。
成果を出すために、製配販が投入する資金は素晴らしく大きな額になると推定されます。
　一方、消費者が商品を購入する成果は、諸活動の「**積算**」行為です。例えば、配荷がなければ、どんなに広告宣伝をしても、店頭には商品がありませんので購買の機会がなく、成果はゼロになります。

（2）マーケティングプロセス

　マーケティングプロセスは、広告宣伝活動にはじまり、啓蒙活動、店頭活動、販売後のマーケティング活動に至ります。

①広告宣伝活動では、商品毎に次のことを行います。

　知名率調査：商品の存在を知っているかどうか。

　理解率調査：商品特徴を知っているかどうか。

　確信率調査：商品を購入する意図があるかどうか。

②啓蒙活動は、理解率促進が目的です。

③店頭活動は、店舗に来られる消費者が、来店客→売場通過客→売場立寄り客→購入者に至る過程の中で、何を行うのかに関わります。調査順に言えば、配荷率、定番フェイスシェア、山積み率、マーケットシェアの順に行います。

　販売後のマーケティング活動では、購入者の追跡調査を行い、商品を使用した満足度、反復購買の意向があるかどうかを調査します。

　その上で、普及率を調査します。

　以上の関連は、次ページの図4-4、図4-5、図4-6に表しています。

第4章　卸売業のマーケティング

<表4-4. マーケティングプロセスと戦略指標>

MKプロセス	主体	戦略指標		
広告宣伝活動 啓蒙活動	メーカー	GRP/知名率 理解率調査 確信率調査		
店頭活動	卸売業	来店客 売場通過客 売場立寄り客 購入客	配荷 陳列 ・定番 ・エンド 売上	配荷率 定番フェイスシェア調査 山積み調査 シェア調査
販売後のフォロー	メーカーと卸売業	使用経験率調査 購入者追跡調査 普及率調査		

<図4-5. マーケティングプロセスⅠ>

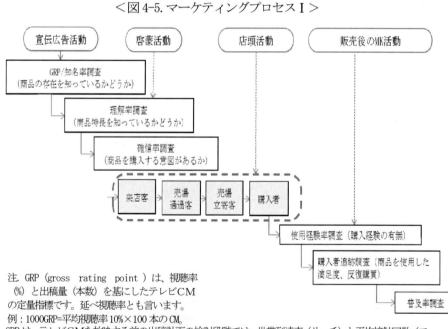

注. GRP (gross rating point) は、視聴率 (%) と出稿量 (本数) を基にしたテレビCMの定量指標です。延べ視聴率とも言います。
例：1000GRP=平均視聴率10%×100本のCM。
GRPは、テレビCMを放映する前の出稿計画の検討段階では、世帯到達率（リーチ）と平均接触回数（フリクエンシー）を掛け合わせた値として表現します。到達率は複数回の放映の内1回でも見た世帯の比率です。例えば目標値1000GRPの時、母数10,000人の集団で、リーチが5,000人（50%）、フリクエンシーが平均20回であれば達成できます。

96

第2節　マーケティングの基本施策

<図4-6. マーケティングプロセスⅡ>

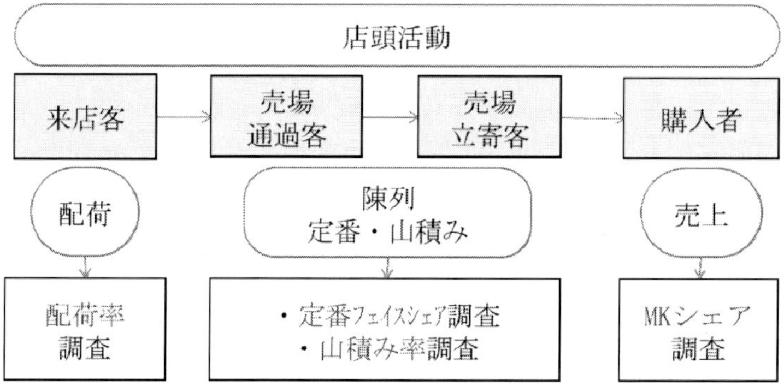

```
┌─────────────────────────────────────────────┐
│                   店頭活動                    │
└─────────────────────────────────────────────┘

┌──────┐   ┌──────┐   ┌──────┐   ┌──────┐
│ 来店客 │ → │ 売場  │ → │ 売場  │ → │ 購入者 │
│      │   │ 通過客 │   │ 立寄客 │   │      │
└──────┘   └──────┘   └──────┘   └──────┘

 ⟨ 配荷 ⟩    ⟨    陳列      ⟩      ⟨ 売上 ⟩
            ⟨ 定番・山積み ⟩

┌──────┐   ┌───────────────┐   ┌──────┐
│ 配荷率 │   │ ・定番フェイスシェア調査 │   │ MKシェア │
│ 調査  │   │ ・山積み率調査     │   │ 調査  │
└──────┘   └───────────────┘   └──────┘
```

4．マーケティングに期待される役割

　伝統的なマーケティングを述べてきました。企業が消費者にいかに近づいていくかの視点で書いています。一方で、知人からの推薦やオンライン上の購入者の口コミ等に見られますように、消費者自ら商品について語っています。その影響力はテレビ等のマス媒体の比ではありません。「必要な商品についての情報を探している時、どの広告があなたの購買の意思決定に影響していますか」という調査結果を見ていましても同じ結果が得られます[1]。

　魚を海で獲ることで例えてみます。まず、広告的な発想で、大きな網で魚のいそうな場所に投げて釣るやり方があります（大量宣伝・大量生産）。次に、魚が食いつきそうな餌を投げて、釣るやり方があります。さらに、魚群探知機の発明によって、魚種・回遊パターン・潮目を定量的に知って、魚を釣り上げる技術を変えることができました（個へのアプローチ）。魚にとって居心地がよい場所、例えばサンゴ礁のような場所を作っていくやり方があります（新市場の開拓）。

　マーケティングは、何を求めて活動するのでしょうか。

注1）『LIVE！ウェブマーケティング基礎講座』大橋等共著　翔泳社2014年3月

第4章　卸売業のマーケティング

企業は、業績を上げ、利益を出していかないことには存続できません。各部門は、売上や利益アップへの貢献が問われます。マーケティング部門においても、予算や人的資源、プロモーション等を投入していますが、どのような結果を残しているでしょうか。

　各部門では、通常のルーティンワークをしていくことによって支えられている売上や利益があります。これをベースラインということにしましょう。マーケティングにはこのベースラインを上乗せしていくことが求められています。できたら、投資した以上の成果が出て、成果が継続的に続くことを期待されています。

　ところが、マーケティング施策（例：販促）の実施中だけ上振れしたものの、終了と同時に元の水準に戻ったりします。上振れを確認できないこともあります。例えば、香付きの柔軟仕上げ剤は、長い年月にわたり、店頭展開をしてきました。売上はそこそこに上がっておりました。地道な店頭展開が、消費者に「香」に対する変化を起こさせるきっかけになったのでしょう。ある時を境に、「香」の商品が、新カテゴリー・新市場を形成し始めました。柔軟剤に限らず、他の商品群にも拡がり、香りに基づく市場が大きく拡大しました。その後、「香」の市場は拡大したままですが、香りをベースにした輸入商品は、円安を境に、収益上、急激に売上を下げました。

　マーケティングでは、自社が消費者に提供できる商品やサービスの「価値」を理解したうえで、持続可能性の高い商品や施策を作ることができれば可能になります。では、どうするとよいのでしょうか。

　先ほどの魚の捕獲で例えますと、サンゴ礁を作ることで、魚がい続ける場所を提供しています。一方で、ビッグデータで、大海のすべての魚の行動が生息域をまるごと解明しようとしています。それは、市場のニーズに個別に対応する時代になったことを物語っています。例えば、テキストマイニングの技術を使って膨大な量の定性情報（テキスト）からビジネスのヒントを発見できるでしょう。データをベースにしてマス・マーケティングからカスタマイズ・マーケティングに変わってきています。

　商品設計計画から新たな市場を作り、細かな個々のニーズを取り込んで商品

化・市場化して届けることができればよいでしょう。それには、商品の企画・設計から生産、出荷、その後のアフターサービスまでを包括的に管理するというプロダクツ・ライフサイクル・マネジメント（ＰＬＭ）が不可欠になります。

5．マーケティングとセールス活動の違い

　マーケティングとセールス活動の違いは、企業の使命に関わる課題です。マーケティングについて考察してきましたのは、企業が顧客にとってどのような会社に変わるとよいのかを考えるためです。答は自ずと、マーケティングができて、セールスができる会社になることです。

　マーケティングを行うとは、独創的な商品を消費に届けていく経営行為そのものです。その意味では、**売れる仕組み**のプロセス構築といえます。即ち、
- ・誰に（ターゲット市場、顧客）、
- ・何を・どのような価値を（商品・サービス）、
- ・どのようなチャネル（流通チャネル）、
- ・どのように売るか（販売方法）、
- ・いくら儲かるか（売上、利益）、
- ・どのような満足と評価を消費者から得るか

の各項目において方法を検討し、仕組みを構築することです。

　それに対して、**セールス活動**は、マーケティング活動の中の１プロセス（過程）であるといえます。マーケティング・ミックスで言えば、流通戦略の一部を構成します。

　流通チャネルの構造によって、だれを顧客としてセールス活動をするのかが決まります。コミュニケーション戦略の中では、人的販売にあたります。従って、セールス活動とは、顧客に商品及びサービスを売り込む活動そのものであり、その販売方法を構築することになります。セールス活動は、現在の売上や利益を作るために、売るための具体的な販売活動をいいます。

第4章　卸売業のマーケティング

6. 卸売業のマーケティングのまとめ

　卸売業におけるマーケティングについて、まとめておきます。

　卸売業の基本は「品揃え機能」にあります。別名マーチャンダイジング機能です。その機能に「マーケティング機能」を付加します。

　マーケティング機能は、商品を開発し、商品を的確・迅速に販売店に届け（配荷）、販売店の店頭（陳列）を通して、消費者に商品の価値を伝える機能を発揮する活動です。販売店の店舗の特徴に合った企画提案や、店頭実現のサポートなどの活動をいいます。店頭の深掘りをすることです。

　卸売業には、メーカーに働きかける活動と、小売業に働きかける活動があります。卸売業は、いずれにも働きかけることによって、消費者の立場で商品や売り場の価値を向上させることです。

　消費者起点で考えるとは、「消費者にとってどうなのか」という自らの活動の意思決定をする判断基準です。マーケティングの本質である「商品やサービスの**価値**を明確に伝える」ために、消費者の立場で小売業に「商品やサービスの価値」を提案することを、徹底します。そのためには、売り場作りや売り場演出の支援活動が、重要な役割です。

　したがって、マーケティングに伴うセールス活動の基本活動としては、次の点があります。

①商品知識教育と習得

　卸売業の販売員は、メーカーレベルの商品知識を習得することです。特に商品の使用体験を是非します。知識に関しては自らテストを課すとよいでしょう。商談が説得力あるものになります。商品の目利きができるようになるとよいでしょう。品揃えや売り場作りの基本の力になります。

②配荷商談

　担当企業の店舗の特徴に従って、適切に商品を配荷できるようになることです。

100

第2節　マーケティングの基本施策

③定番棚割りと売り場作り

　担当企業の店舗特徴に合わせた**品揃え**と、それに合わせた**棚割り**を行い、売り場を作ります。

④店頭展開を図り、商品の訴求・情報発信を行います。

　説明を要する商品が増えてきておりますので、店頭で商品価値を伝えるＰＯＰ等を貼付します。また、小売店から推奨販売の支持を得ることです。

⑤売り場提案ができるようになることです。

　売場の提案には品揃えができて、商品の話題を作れるとよいでしょう。

⑥売れ続ける仕組みを作ります。

　継続的な販促企画の年間提案を行います。育成商品は、「新商品寿命3週間説」とは別枠で、提案をし続けることが大事です。

　なお、マーケティングは、組織的に進めることが重要です。仕入調達する部門（MD部門）と、店頭活性化を図る販売部門との両部門の連携がいります。

　一人ひとりが、世の中の**変化**に敏感であることです。マーケティングしていくには、この敏感さと敏捷さが不可欠です。消費者の変化、商品の変化、買い場の変化、社会の変化等に見られるように、いろいろなところで変化が徐々に、時には急激に起きています。消費者心理の変化を始め、構造変化の兆しは、常にミクロから現れます。統計データだけでは読み取れません。**一つの現場**を見た方が役に立つことを、マーケティングする者は肝に銘じておくことです。

　日本人がもつ、自然に対する繊細な感受性を絶やさないことです[1]。春になれば花見をし、晩夏には虫の声に涙を流し、秋になれば紅葉を楽しむという風に、自然と心を通わせることができると良いと思っています。

注1）「日本のこれから、日本人のこれから」藤原正彦氏日本経済新聞2002年12月31日

第4章　卸売業のマーケティング

第3節　インストア・マーケティング

1．流通チャネル

　主要な消費財メーカーから消費者までの流通チャネルは、下図のようになっています。商品は、メーカー～卸売業～小売業という経路を経て消費者に渡ります。多くの消費者は、小売店で商品（消費財）を購買しています。最近では通販ビジネスにも注目しなければなりません。

　商品と消費者の出会いは、**小売店の店頭**です。卸売業がマーケティングを考える時に、マーケティング・ミックスをどのように組み合わせるとよいかを考える出発点です。また、セールス活動の原点です。

<図4-7．消費財の流通チャネル>

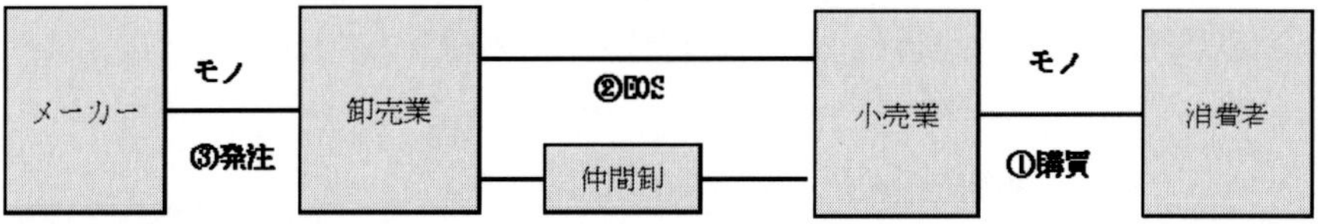

メーカー	モノ ③発注	卸売業	②配荷 受注	小売業	モノ ①購買	消費者
			仲間卸			

2．小売店頭は商品と消費者の出会いの場

　流通チャネルにおいて、「小売店の売場」を構成するのは商品です。店頭で消費者と商品とが出会うには、小売店頭の商品と、広告宣伝や販促が**シンクロナイズ（同期）**していることが大切です。マーケティングの実務では、この**シンクロナイズ**が一番実現したいことです。即ち、消費者が広告宣伝をみて、お店に行って、商品があって、買えることを実現したいのです。

そのために、セールス活動としてやるべきことは、

　商品を小売店に**配荷**をし、

　その商品をカテゴリー毎に**品揃え**をし、

　売場（定番とエンド）を作り、

第3節　インストア・マーケティング

商品を**陳列**することです。

さらには、店頭での商品の販売促進を図ることです。

<図4-8.　店頭でショッパーが商品に出会う瞬間へのプロセス>

新製品
未扱い品
配荷
品揃え
売場作り（物理的なスペース制約）
販促
POS実績
店頭でショッパーが商品に出会う瞬間
定番陳列
エンド陳列
店頭での商品情報提供（コミュニケーション）
陳列維持

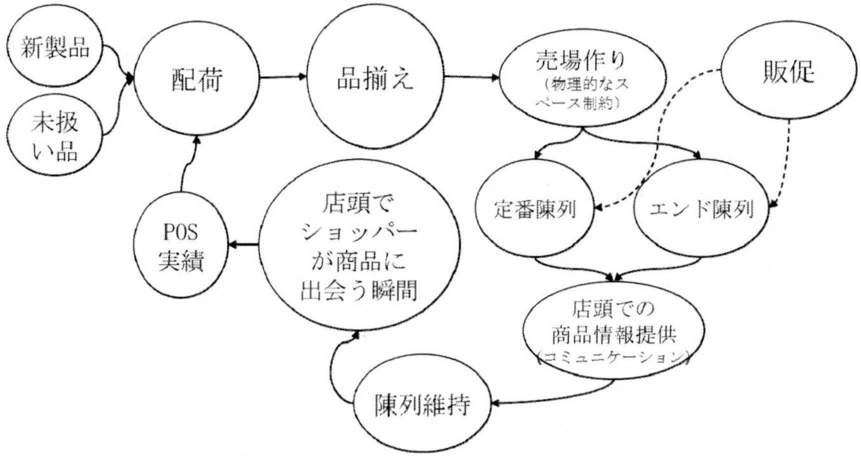

3.　インストア・マーケティングの概念

　マーケティングをセールス活動として展開していくには、商品と消費者の出会いが、小売店の店頭なのですから、**店頭**をどうするのか、どうしたらよいのかが、わかっていなければなりません。それには**インストア・マーケティング**という考え方を**理解**しておきます。

注.　インストア・マーケティングに関しては、『インストア・マーチャンダイジング』
　　流通経済研究所編者　日本経済新聞出版社2008年が参考になります。

第4章　卸売業のマーケティング

1）インストア・マーケティングの概念

インストア・マーケティングの概念は、次のように表せます。
　①小売店頭という消費者が商品購買を決定する「空間」と「時間」で、
　②市場・商圏の消費者の要求に合致した商品及び品揃え（商品構成）を、
　③最も効果的で効率的な方法によって消費者に提示します。
　　　効果的な方法：消費者に効果的にアピールできる陳列や情報提供手段
　　　効率的な方法：費用対効果の高い売り方

2）インストア・マーケティングに類似する概念

①店頭マーケティング
　メーカーが、店頭からの商品訴求と小売店プッシュの双方を円滑に行う目的で、小売業と共同して店頭から消費者情報を収集し、かつ店頭から消費者に情報を発信する一連の行動をいいます。
②フィールドマーケティング
　小売店頭を主な舞台として、流通の場におけるマーケティングをいいます。
③ショッパーマーケティング
　ショッパー（購買者）という用語は、コンシューマー（消費者）と対比して用いられます。購買者の理解に基づく、マーケティング活動のすべてを指します。
④カテゴリーマネジメント[1]
　流通業者やサプライヤーが商品カテゴリーを戦略的事業単位として管理するプロセスであり、消費者の価値提供に焦点を当てることによって、事業成果を向上させることを目的とします（ＥＣＲの産業合同プロジェクト見解）。

注1）カテゴリーマネジメントは、第4章第1節86頁参照

104

第3節 インストア・マーケティング

3）インストア・マーケティングの効果

　卸売業の売上は、**取扱店舗数**と**1店舗当り売上高**の掛け算で計算されます。

　　　　卸売業の売上＝取扱店舗数×1店舗当り売上高

1店舗当り売上高は、**カテゴリーの売上**と**インストアシェア**の掛け算で計算されます。　　1店舗当り売上高＝カテゴリーの売上×インストアシェア

このために、インストアシェアは卸売業の売上に大きな影響を及ぼします。

＜図4-10．売上をインストアに分解してみる＞

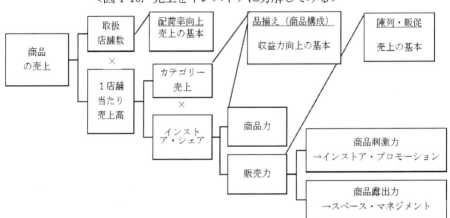

　上図は、メーカー・卸売業・小売業とも店頭に経営資源を注力していることを物語っています。参考までに、リアル店舗とネットビジネスの違いを見ます。

　ネットビジネスは、リアルタイムで売上状況のデータが蓄積され、その状況に応じてサイトの構成や商品の見せ方を変える事ができます。「1分1秒単位で、戦略を見直すことができる体制を整えること」ができるようになりました。

　リアル店舗でも、POSシステムなどで時々刻々と変わる売上状況を把握することはできます。それに応じて、店内の陳列を適宜変更することは難しいことです。ECサイトのように売れ筋商品を大きく表示し、商品の並べ方を瞬間的に変更したりすることは、なかなかできることではありません。

第4章　卸売業のマーケティング

　消費者の心は、常に移り変わります。さまざまな情報がデジタルデータ化されることによって、あらゆる情報の蓄積が可能になりました。その情報を分析することで、今この瞬間に、何が最も売れる可能性があるかを計算できるようになってきました。

　一方、買い物客による**ウィンドウショッピング**の楽しみは変わらないと思います。それだけに、リアル店舗での実際の店頭は、魅力作りが大事になります。

4．インストア・マーケティングの領域

　インストア・マーケティングには、スペース・マネジメントとインストア・プロモーションがあります。

スペース・マネジメントは、長期的な視点から売場の生産性を高めることを行います。具体的にはフロア・マネジメントやプラノグラムで棚割りを行います。

インストア・プロモーションは、短期的な売上増加を目指しています。価格主導型や非価格主導型があります。

<図4-11. インストア・マーケティング>

インストア・マーケティング	スペース・マネジメント（商品露出）	フロア・マネジメント（レイアウト計画）
		シェルフ・スペース・マネジメント（プラノグラム）
	インストア・プロモーション（商品刺激）	価格主導型 定番値引、チラシ特売、エンド特売、バンドル販売等
		非価格主導型 ノベルティ、試供品、デモ販売等

106

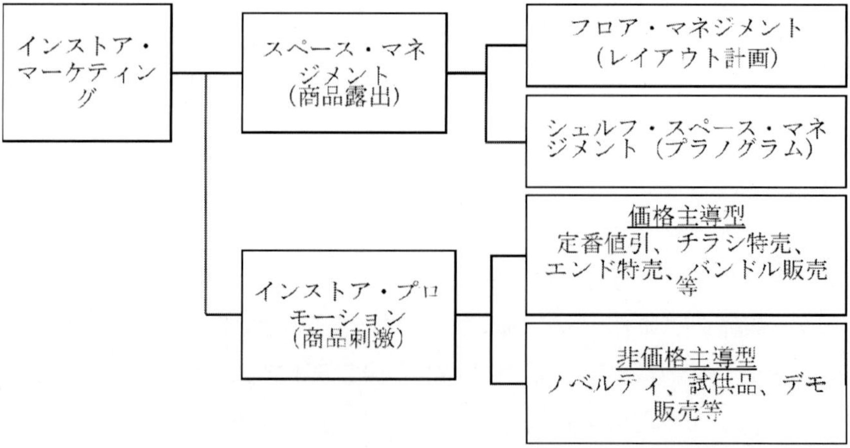

第3節　インストア・マーケティング

1）スペース・マネジメントとは

スペース・マネジメントは、フロア・マネジメントとシェルフ・スペース・マネジメントで構成されています。

（1）フロア・マネジメント　（主にレイアウト計画に関係します）

A. 効果的なフロア・マネジメントをするには、来店客に対して、動線長の最大化と効果的な刺激の提示と配置をします。

客単価＝商品単価×買上個数

買上個数＝動線長×立寄率×買上率

B. 売場毎のスペース配分・・・坪当たり売上金額（生産性）に基づきます。

（2）シェルフ・スペース・マネジメント

A. 定番売場は小売業の日々の売上を支える土台となる売場です。優位置・劣位置をきちんと把握した上で定番を作ることは、消費者にとって「買いやすい」売場を作ることになります。

優位置は、消費者にとって、「買いやすい」位置です。

買いやすい位置は、目につきやすく、見やすく、手に取りやすい位置です。

劣位置は、消費者にとって、「買いにくい」位置です。

B. **棚割（プラノグラム）**は、定番売場に商品をどのように割り当て、陳列するかを決定する陳列・販売計画です。

C. 棚割作成

棚割（プラノグラム）は、品揃えを店頭で表現するものです。

消費者、小売業、卸売業・メーカーが期待する品揃えと具現化する売場の条件が、一致しているとは限りません。しかし、棚割作成の原点は、**消費者起点**で考え、消費者にとって買いやすい売場であるかどうかにあります。この棚割の考えがしっかりしていれば、品揃えが消費者の支持を得ているかどうかの証明にもなります。延いてはメーカー、卸売業、小売業三者の売上と利益を最大化することになります。

第4章　卸売業のマーケティング

　消費者、小売業、卸売業・メーカーそれぞれが、期待する売場の条件を挙げておきます（図4-12）。

<図4-12. 消費者と製配販が期待する売場の条件>

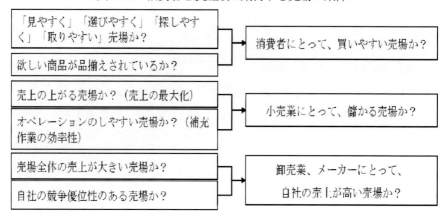

D. 棚割作成のステップ

　棚割の作成は、次の3つのステップで行います。

「商品のグルーピング」・・・売場の括り／品揃え

「ゾーニング」・・・・商品グループ毎の陳列スペースの配分と配置

「フェイシング」・・・商品グループ内の各アイテムのフェイス数と陳列位置

<図4-13. 棚割>

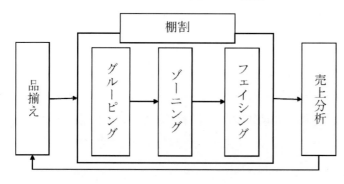

第3節　インストア・マーケティング

2）インストア・プロモーションとは

　消費者の購買行動に直接的に働きかけるマーケティング活動のことを、**セールス・プロモーション**と呼びます。

　「**インストア・プロモーション**」は、店内で展開されるセールス・プロモーションです。「**アウトストア・プロモーション**」は、店外で展開されるセールス・プロモーションです。

　セルフサービスの小売業業態では、**インストア・プロモーション**は重要なマーケティング活動です。多くのカテゴリーにおいて、売上全体に占めるプロモーションの割合は、50%前後になっており、売上及び利益に大きな影響があります。

　セルフサービス型店舗での来店客の購買行動が、70%前後は未決定と言われていますように、購買商品の意思決定を、来店前にはせずに店内で行っています。従って、店内でどのような情報（刺激）をどのように与えるかが、消費者の購買意思決定にとって重要になります。

　インストア・プロモーションは、**価格主導型**と**非価格主導型**の二つに分類されます。消費者が商品を購入することによって得られる価値を、

　　価値＝効用÷価格と定義しますと、

　　価格主導型インストア・プロモーションは、分母（価格）をより小さくすることで、価値を高めることです。

　　非価格主導型インストア・プロモーションは、分子（効用）をより大きくすることで価値を高めることです。

3）インストア・プロモーションの目的と手法の関係

（1）インストア・プロモーションの目的

　インストア・プロモーションを行う際には、その目的を明確にすることです。目的の例としては、ストア・ロイヤリティの形成、ブランド・スイッチの獲得、新製品の認知、トライアルの促進、新規ユーザーの獲得、既存ユーザーの利用頻度増などです。

　カテゴリー[1] 毎の売上向上という目的に対して、カテゴリー毎の売上を構成要素に分解し、個々の要素に対して、どのプロモーション手法が適しているかを例示的に掲げておきます（図4-14）。

注1）カテゴリー（独kategorie）：範疇。同じ性質のものが属する部類。領域。

109

第4章　卸売業のマーケティング

<図4-14. 売上の構成要素と販売施策の関係>

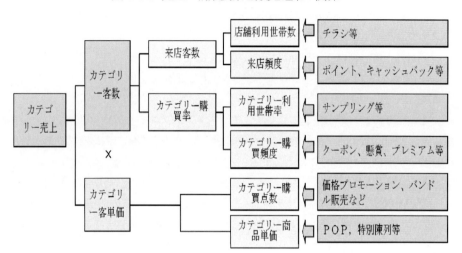

（2）インストア・プロモーションの手法

カテゴリー売上＝カテゴリー客数×カテゴリー客単価を基本式にしますと、売上構成要素は、次のようになります。

カテゴリー客数は、来店客数とカテゴリー購買率に分解されます。**来店客数**は店舗利用世帯数と来店頻度に分けられます。**カテゴリー購買率**は利用世帯率と購買頻度になります。

カテゴリー客単価は、**カテゴリー購買点数**と**カテゴリー商品単価**になります。売上の構成要素毎に、販売施策があります。

4）売上の要素分解と価格の基本的な考え方

売上を要素分解するときのコツは、売上高を販売点数と商品単価に分解（A方式）するのではなく、売上高を客数と客単価に分解（B方式）することです。

A方式（売上高＝販売点数×商品単価）は、どの商品のチラシ特売を何回取るかにセールス活動が限定されがちになります（下図）。

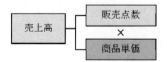

第3節　インストア・マーケティング

　B方式（売上高＝客数×客単価）は、セールス活動で何をすればよいかがわかります（下図）。

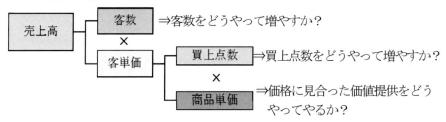

　B方式が小売業にもたらす効果について述べておきます。利益の増加をツリー構造にして、販売施策との関係を明らかにしておきますと、効果を評価するときに、どの施策が、どのような効果があったかがわかるようになります。

　　　　　＜図4-15．小売業の売上と利益と施策との関係＞

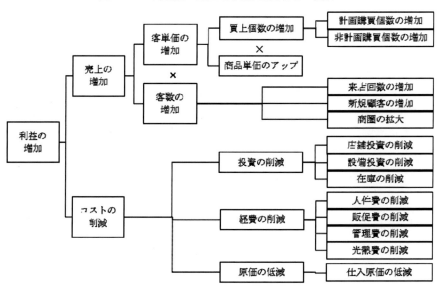

第4章　卸売業のマーケティング

6．ドラッグストアの消費者購買特性

①ドラッグストアと食品スーパーの消費者購買行動を比較してみます。

ドラッグストア	食品スーパー
月に2～3回程度とそれほど高くない利用頻度。医薬品や日用雑貨、化粧品について、豊富な品揃えの中からお買得感のある価格でのまとめ買いが期待されます。	消費者は、生鮮食品等の毎日の食事必要な食料品を買い求めにきますので、あまり時間をかけずに買物を済ますことができるよう、一目で見やすく選びやすい売場作りが重要です。

②ドラッグストアの店舗利用頻度

　店舗利用頻度、来店手段、店舗までの所要時間の内、顕著な違いは、店舗利用頻度にあります。

利用頻度	ほぼ毎日	週に4～5日	週に2～3日	週に1日程度	月に2～3回	月に1回程度	2～3月に1日	それ以下	利用なし
食品スーパー	11.0	15.5	40.2	18.9	6.3	2.9	1.1	0.5	3.8
ドラッグストア	0.9	1.5	14.6	31.2	34.6	11.0	3.1	0.7	2.4

③ドラッグストアの来店客像と売場作り

　平均的な消費者は、月2～3日の頻度で、徒歩もしくは自転車で5～10分の距離にあるドラッグストアの店舗を利用しています。従って、消費者の売場記憶は鮮明ではありません。見やすく選びやすい売場作りが大切です。

④ドラッグストアの買上点数増加の考え方

　消費者は、医薬品、日用品、化粧品などの商品群について、豊富な品揃えの中から割安な価格でまとめ買いできることを期待しているといえるでしょう。ドラッグストアでの買上点数を増加させるには、これらの商品の関連販売・まとめ買いを促すことが重要です。

第3節 インストア・マーケティング

⑤スペース・マネジメントの方向性

　ドラッグストアにおいては、パワー・カテゴリー[1]である生理用品、トイレットペーパー、シャンプー、ベビー用オムツ、基礎化粧品などを分散配置して客動線を伸ばします。動線の途中で「もう一品型」商品（例えば、スナック、歯ブラシ等）の非計画購買を促すのが基本的な方向です。
店舗によっては目的買いの対象となるパワー・カテゴリー商品が異なりますので、店舗タイプに応じた対策が必要です。

⑥インストア・プロモーションの方向性

　消費者の来店頻度が低いので、プロモーションの効果は長く続きます。プロモーションの実施サイクルは、週1回〜月2回程度が目安です。また、消費者はポイントカードを評価しています。

<図4-16. カテゴリーの特徴とパワー・カテゴリー>

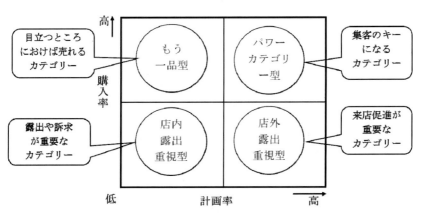

注1) パワー・カテゴリーは、購買において計画性が高く、購入率も高いカテゴリーです。

第4章　卸売業のマーケティング

7．ホームセンターの品揃えの課題

①商品の用途からみた課題

　ホームセンターのＤＩＹ[1]部門と一般家庭用品部門とでは、来店の目的、頻度、客層、及び商圏人口が違います。

部　門	商品の用途	購買頻度	客層	必要商圏人口
ＤＩＹ部門	・家を建てる ・修理する	低い	限定される	１５万人以上
一般家庭用品部門	・日常の暮らし	高い	広い	５万人

②価格帯からみた品揃えの課題

部門	価格帯と品揃え
ＤＩＹ部門	低価格から高価格まで幅広い価格帯をカバーした品揃えです。 初心者用の低価格から、プロやマニアだけが使う特殊な高級品まで何でも品揃えしています。 ワンストップショッピング型の品揃えです。
一般家庭用品部門	低く狭い価格帯だけを狙った品揃えです。 GMSやSMを意識した低価格帯で、売れ筋にフォーカスし、ラインロビングした品揃えになっています。 店作りは、モータリゼーション対策としての立地や駐車場の便利さ、ワンフロアであることから、他業態より優位に立っています。 低価格帯の品揃えと店作りの優位から、GMSやSMからお客を奪うことができました。

③ホームセンターおける来店客にとっての課題

＜来店目的＞

　お客は、普段の暮らし用品を買いに来店し、店内の主通路を歩いて、目的の商品を買って帰りたいはずです。ＤＩＹ目的の来店客は、一般家庭用品をついでに購入します。一般家庭用品目的の来店客は、ＤＩＹをついで買いする機会は少な

注1）ＤＩＹ：do-it-yourself の略。自分で作ること。

114

第3節　インストア・マーケティング

いでしょう。

　売場内通路の客通過率を見ますと、一般家庭用品部門は４０〜７０％、ＤＩＹ部門は９％〜ゼロになっています。

　現状は、用事のある売場と、ない売場を選り分けながら売場を歩かなければなりません。なぜならば、価格帯が広く、素人が買いづらい売場になっています。プロが使うものまで揃った売場から自分の用途にあった商品を見つけるのは、一苦労です。

④お客の立場からみた品揃え

A. 用途の統一

　　一般家庭用品を主力にするなら、ＤＩＹも大衆向けにします。

　　ＤＩＹ専門を目指すならば、メガHCのように一般家庭用品をやめて、

　　ＤＩＹに専念します。

B. 価格帯の統一と来店購買頻度の統一

　　低価格帯の品揃えにすれば、客層は拡大し、来店頻度も増えて、客数も

　　増えます。

C. 必要商圏人口の統一（より狭小商圏で）

　　低価格帯の品揃えにすれば、必要商圏人口が減り、出店による店数も増やし

　　やすくなります。

115

第4章　卸売業のマーケティング

8．業態別店舗概況

　業態別（GMS、SM、HC、DgS、CVS）のトップ企業を、店舗数、主な立地、月商、売場面積、部門別売上構成比、1店舗当たり従業員数について、概況をまとめておきます。
　業態別にみると、1店舗当たりの売上高、売場面積、部門別売上構成比、従業員数の違いに気づかれるでしょう。
　表には書かれていませんが、1人当たりの売上高や売場面積から、業態別の従業員1人当たりの生産性の違いにも気づかれるでしょう。

<表4-5．店舗概況>

業態	GMS	SM	HC	DgS	CVS
売上トップ企業	イオンリテール	ライフコーポレーション	DCM HD	グローウェルHD	セブン・イレブン
店舗数	500店舗	215店舗	503店舗	660店舗	13,232店舗
主な立地	郊外	駅前	郊外	郊外	駅・繁華街
月平均売上（店舗平均）	260.8百万円	181.0百万円	69.2百万円	30.1百万円	18.6百万円
売場面積	1,854坪／店	778坪／店	1,119坪／店	202坪／店	38坪／店
部門別売上構成比%)	1 食品　　56.5 2 住関連　22.3 3 衣料　　19.0 4 その他　 2.2	1 食品　　82.1 2 住関連　　9.4 3 衣料　　 6.2 4 生活・文化2.3	1 住関連　74.9 2 生活・文化24.0 3 その他　　1.1	1 生活・文化54.0 2 食品　　22.8 3 住関連　14.3 4 その他　　8.9	1 食品　　67.2 2 生活・文化32.8
1店舗当り従業員数	132名 （バイト105名）	84名 （バイト60名）	18名 （バイト13名）	12名 （バイト9名）	2〜3名

出所『販売革新2011年7月号』より編集

9. ライフスタイル・マーケティング

　小売業の課題は、依然として業種（生産体系）別商品カテゴリーの仕入政策・販売体制を展開している点にあります。つまり、主品種の有力ブランドが、大量販売と低粗利率になっています。ナショナルブランド（NB）の安売りで、来店客数を増やす、即ち、コモディティ・ディスカウント（単品大量販売）型小売業になっています。それをプライベートブランド（PB）商品の開発により、粗利益率の低下分を補っています。別の言い方をすれば、生活向上を担う専門性が欠如しているとも言えます。

　消費者にとって購買の原点となる**生活シーン**に基づく需要カテゴリーを基軸とした、購買需要創出活動の売場が作れなくなっています。

　ライフスタイル・マーケティング[1] は、顧客のさまざまな生活シーンの1場面を企画し、必要な商品を選別して取りそろえます。それらを店頭における購買促進上のテーマ設定によって効果的に組み合わせ、一つの売場に適切に融合させて提案するトータルな購買需要創造活動です。「対象となる顧客の生活スタイルの幅（暮らし方の種類）を広げる小売業の提案諸活動」といえます。

　ライフスタイル・マーケティングを実践するには、顧客を基軸にした一つ一つの"生活シーン"をカテゴリーの単位とします。これを「**需要カテゴリー**」といいます。生活シーンの対象となる主品種[2] と主品目、並びに従属品種と従属品目を編集して、生活シーンを提案します。この編集・提案という諸活動が、独自の生活シーンという需要カテゴリーを創出することになります。需要カテゴリーの創造と管理こそ、ライフスタイル・マーケティングの出発点になり、差別化戦略の武器になります。

注1）「ライフスタイル・マーケティングへの誘い」鈴木豊著『販売士2013.03, 2013.06』を参考にしています。

注2）品種と品目は、第4章第1節の表4-1「小売業の商品分類基準」83頁参照

第4章　卸売業のマーケティング

第4節　セールス活動

　マーケティングの考えに沿って、セールス活動ができるようになるには、どのようなことがセールス活動でできればよいのでしょうか。

　商品が売れるようにしていくには、全社的にマーケティング活動が必要です。売れているとは、商品力、広告力と販売力の3つの積です。

「売れている」＝「商品力」×「広告力」×「販売力」

　商品力については、マーチャンダイジングの項ですでに検討してきました。商品力があれば、商品は売れます。

　商品が売れていない時が、課題です。マーケティングの項で述べましたが、基本は、①商品を告知することと、②商品を配荷し、店頭に陳列することに着目します。

　広告は、消費者にいかに告知しているかにあり、通常メーカーが行います。

　販売力は、つまるところ商品の配荷・陳列にあります。こうしたマーケティング・ミックスの中でのセールス活動をこれから検討し、マーケティング・ミックスについて、再度確認をしておきます。

<表4-6.　マーケティング・ミックスの課題>

MKミックス	メーカー	卸売業	小売業
商品戦略	「商品」のブランド戦略	カテゴリー戦略として「品揃え」を強化します。品揃えを陳列に展開できるようにします。粗利益がでる品揃えにしていきます。	品揃え 単品管理
価格戦略	製造原価／仕切取引制度に基づく	仕切価格／納入価格 売買差益では粗利がほとんどないので、取引制度の運用を含めて、仕入割戻しの増額できるようにしていきます。仕切価格の削減もしくは仕入割戻しを制度として増額を図ります。	納入価格／店頭売価 ハイ＆ローの価格戦略とEDLP
流通戦略	代理店（卸売業）	小売店／店頭 帳合の攻めと守りを、差別化された品揃えと卸売業の機能の総合的な運営ノウハウで行います。	店頭の来店客 仕入先／卸売業
コミュニケーション戦略	販促 広告宣伝 人的販売	販促の運用ノウハウの構築を図ります。 顧客との人的販売を強化し、継続的な関係を築きます。販売員の育成を図ります。	販促 接客

118

第4節　セールス活動

1．マーケティングとセールス活動の5基本機能

　「マーケティングとセールス活動の5基本機能」としては、品揃え、配荷、陳列、情報の提供と収集、経済的・効率的な活動の五つがあります。

　「マーケティングとは何か」、及び「インストア・マーケティング」の考え方をベースにしています。顧客満足には、卸売業ならではのセールス活動の差別化された魅力作りが重要になります。

1）品揃え

（1）商品の3視点とベネフィット

　マーケティング・ミックスの中核である**商品**そのものを理解するには、商品を3つの視点（**特徴、効用、証拠**）とそのベネフィット（**効用価値**）から知ることです。商品の特性を理解するために表4-7を作成してみることです。その上で品揃えに進むとよいでしょう。

＜表4-7．商品を3つの視点（特徴、効用、証拠）と効用価値から知る＞

視点／効用価値	特徴（事実）	効用（効用がもたらす買い手の利益）	証拠（特徴や効用を客観的に立証する技術・ノウハウ）
①市場			
②用途			
③機能			
④品質			
⑤デザイン			
⑥香り			
⑦包装			
⑧広告宣伝			
⑨価格			

第4章　卸売業のマーケティング

（2）商圏と品揃え

　品揃え（商品構成）は、売上と利益を決めるものです。**「利は元にあり」**と
いわれていますように、品揃えの構成が粗利額及び粗利率を決め、利益構造を
決めます。

　品揃えは、どんな会社かを雄弁に物語っております。顧客にとって価値ある
企業であり続ける条件の一つに、この品揃えと売場があります。商品をどのよ
うに売ればよいのかを提案する品揃えができるかどうかにあります。差別化さ
れた品揃えを企業のニーズに従ってどう提案するかが常に課題になります。

　店舗の商圏内顧客に最適な品揃えを提案することが基本になります。
商品選びが基本にあり、カテゴリー知識や商品知識が不可欠です。カテゴリー
知識としては、カテゴリー毎の市場規模、市場動向、メーカー、ブランド等が
あります。商品を選定できる力（**「商品目利き」**）を備えることです。

　品揃えは、経営においては利益の源泉であり、経営戦略上の最優先事項です。

2）配荷

　企業別に目標配荷店の設定と、店頭への配荷スピード（1週間以内）が基
本になります。配荷は、売上の源泉であり、インストアシェアの向上の要にな
ります。マーケティング施策の実現度を高め、売場の鮮度を保つのは、新製品
の配荷は重要です。

①配荷の質を上げることで、差別化を図ることができます。

　配荷は、消費者の買い場を作ることです。そのために、小売業や店舗の特性
に合わせた商品の配荷をすることです。それが、配荷の質になります。

　配荷の質を上げる企業／店舗の特性要因の例としては、
来店客特性（年齢、性別、買物頻度等）、立地、商圏、規模（売場面積）、
　業態、ゴンドラ本数、エンド本数、売場レイアウト、カテゴリー別ゴンドラ
　本数、商品別フェイス数等があります。

第4節　セールス活動

②配荷スピード（1週間内配荷）と、PDCAによるマネジメント

  A. 配荷目標を企業別・店舗別に決めます。

  B. 配荷を行う計画を5W1H[1] に基づいて作ります。

  C. 計画に基づき実行します。

  D. 実行中の実施状況をフォローします。

    ・配荷計画に基づき商談準備は出来ていますか。

    ・商品の商談をしましたか。

    ・企業別・店舗別のどこが決まり、配荷日はいつですか。

    ・決定数量・金額はいくらですか。

    ・定番・エンドの陳列方法はどうしますか。

3）陳列

　陳列には、プラノグラム[2] を活用した定番作りと、エンド作りがあります。

①顧客毎の店舗管理が基本になります。

　売上増減が、店舗数によるものなのかどうか、出店・閉店をあらかじめ調査し、顧客毎の店舗管理表を整備しておきます。顧客の店数は、既存店と新規店に分けて売上をみます。例えば、立地、来店客層、規模（売り場面積）、レイアウト、カテゴリー毎の売場フェイス（→インストアシェアの指標）です。

②インストアシェアは、商品の配荷、品揃え、定番作り、販促活動（エンド展開本数）で決まります。

　定番作りの基本は、商品の市場での位置づけ（マーケットシェア）にあります。

注1）5W1H：Why（なぜ）,What（何を）,When（いつ）,Where（どこで）,Who（だれが）,How（如何にして）

注2）プラノグラムは、第4章第3節107頁参照。

121

第4章　卸売業のマーケティング

定番を構成するナショナルブランド（NB）については、その商品が属する
市場（カテゴリー）でのマーケットシェアと粗利益率によって評価をします。
定番構成では、NBは定番の売上構成比７０～８０％を基本とし、他はプライ
ベートブランド（PB）や立地・顧客層に応じた商品で構成します。
　（戦略カテゴリー、基本カテゴリー、補完カテゴリーの項86頁を参照）
③店頭基軸の営業活動においては、店頭からの実出荷を図ることを徹底すること
です。これが真の売上（実需）です。製配販の流通全体の在庫管理の考え方の
基本になるものです。

4）情報の提供と収集

　商品やカテゴリー情報等の鮮度の高い情報の提供と収集を行います。
また、顧客情報と顧客のニーズ等の情報を商談や提案活動に生かします。
　得意先とは、定期的に本部及び店舗を訪問して、コミュニケーションを深め
課題等の情報収集を行います。
　収集した情報を分析して、最適な提案活動を行います。情報の範囲は、広い
ですが、重点としては、商品、売場、店頭、物流、帳合、得意先の経営動向・
人事組織異動拡大等です。
　訪問・情報収集・提案活動のサイクルを継続して行い、得意先との関係を
強化します。

5）経済的・効率的活動

　利益がでる商売の実践です。商品の調達から代金の回収までが、営業の活動
範囲です。売上予算の恒常的な達成と、人時生産性を向上させる活動を行いま
す。営業に関わるシステムを活用することや、システム化したほうがよい業務
の改善を行います。

第4節　セールス活動

2．セールス活動の業務内容

　セールス活動の業務には、得意先本部との間で行う**定番**や、**企画・チラシ**に関する**商談業務**があります。現状は、いずれも主力メーカーと共同で行い、マーケティングで志向していることを実現していく活動です。

　また、**店頭活動**があり、インストア・マーケティングの実践の場です。

1）定番に関する本部商談業務

（1）メーカーと商談

①得意先（小売業）で取り扱う商品をメーカーと決めます

・新商品は、店舗導入の有無と、取り扱う優先順位を決めます。

・既存品は、継続する商品と、新商品に切り替える商品を決めます。

・既存品の継続時、出荷実績から条件の見直し交渉が必要な商品は商談を行います。

・得意先の廃番となる商品の情報を入手します。

②得意先の取引条件をメーカーと決めます

・新商品等、新たに導入となる商品は、納入価格や補償等の条件を決めます。

・商談で決定した納入価格が、限界利益[1]を上回っているかを確認します。既存品の条件変更も同様に、限界利益の確認をします。

（2）得意先との商談準備

①事前準備をします

・新規投入商品の「商品説明書」、「販売・販促計画書」、「見積書」、「現品サンプル」の作成と準備をします。

・「条件表（商品毎のＪＡＮ、容量、ケース入り数、定価、通常原価、月間原価、チラシ原価、提案売価等）」、「棚割り提案書」を作成します。

注1）限界利益＝売上高－変動費＝固定費＋純利益（129頁参照）

123

棚割りの主導権を握り、売場での販売シェアを高めるためです。

②商談日時を決めます

・得意先のバイヤーに商談日時アポイントを取ります。

・商談前日に、再度、話すべき内容を整理し、商談に備えます。

（3）得意先との商談

①新規投入商品の企画

・「商品説明書」「販売・販促計画書」等を提示します。

・商品説明は、ポイントとなる点や主張点を５Ｗ１Ｈに従って説明します。

・「条件表」「棚割り提案書」を提示して、定番採用によるメリットを説明します。

・導入予定店舗を得意先と共有して、配荷を促進します。

②再商談

・商談が不成立だった時は、メーカーと条件や販促計画等を練り直します。

・得意先バイヤーにアポイントを入れて、再商談日時を決めて、商談し直します。

（4）棚割りの計画

①棚割りの事前準備をします

・現状の「棚パターン」毎の自社帳合商品のＳＫＵ数を把握します。

・新規に導入する商品毎の「棚割りパターン別導入計画」を準備します。

・既存品の継続の場合も同様にします。

②棚割りをします

・現状の棚パターン毎の自社帳合商品のＳＫＵ数を適正にします。

・棚パターン別の導入計画に基づき、ＳＫＵ数を適正にします。

・棚割り台帳は、必ず入手し、店舗別の棚割りパターンを抑えておきます。

・棚割り後、現状より自社定番（ＳＫＵ数）占有率が増加したか検証します。

（5）棚割りの実施

①納品準備をします

・店舗別の納品アイテム、納品日、納品数量を確定します。

第4節　セールス活動

・社内納品手続きの実施（例：新規ロケーションの申請、在庫引き当て日に合わせて、企画書の発行等）

②棚替えを行います

・「棚割り」に基づいて棚替えを行います。

・「棚割り」通りに自社商品が、店頭化されているかを確認します。

・棚替えが予定通りに行われていない店舗や、棚割り通りの売場になっていない店舗は、本部に報告します。

（6）店舗発注と自社受注

オンラインで受注します

・得意先から納品アイテム・納品日・納品数量が予定通りに、発注が入ったかを、受注データで確認します。

・特に、納入価格は、提示した価格になっているかをすべてチェックします。

（7）納品

納品ルールを確認します

・得意先の納品ルール（納品日、納品時間等）を事前に確認します。

・得意先の納品ルールに従って、遅納・誤納なく納品を行います。

（8）実績

①出荷実績を確認します

・新商品が、計画通りの数量、店舗に納品され、販売されているかを確認します。

・計画と実績との進捗管理を行います。

進捗が悪い商品は、真因を分析し、改善策を講じます。

②補償内容を確認します

・出荷日翌日、補償アイテム・補償単価が正しく反映しているかを確認します。

・補償内容の漏れや修正が必要な時は、即日に対応します。

（9）返品・値引き

返品・値引きを確認します

第4章　卸売業のマーケティング

・返品不可商品の返品がされていないかを確認します。

・約束していない値引きが発生していないかを確認します。

・値引き実績を確認して、補償なしの値引きは稟議します。

（１０）代金回収

代金回収までが、営業の業務ですので、代金の未回収報告に対応します。

・代金の未回収が発生しますと、未回収報告が経理部門よりあります。

・未回収の原因を調査し、回収が必要な場合は回収方法を経理部門と打ち合わせします。

２）企画・チラシに関する本部商談業務

基本的には、定番に関する業務と共通したところがありますので、異なる点を取り上げておきます。

（１）メーカーと商談

①企画内容を決めます

・企画内容を前年実施の企画内容や企画実績を確認します。

・企画実施の２か月前に企画内容（チラシ、特売、エンド企画等）を決めます。

・チラシ・企画の計画は、予算に対して120％以上の計画を作成します。

・企画内容（MD情報、販促カレンダー等）を検討します。

②取引条件（納入価格、補償条件等）（定番に同じ）

（２）得意先との商談準備

①事前準備をします

・「企画書」「条件書（定番に同じ）」「エンド棚割り表」等の作成と準備をします。

②商談日時（定番に同じ）

（３）得意先との商談

①「企画書」等を提示します

②商品導入計画を立てます

③企画書発行・ロケーション申請を行います

（4）店舗発注と自社受注（定番に同じ）

（5）納品（定番に同じ）

（6）実績

①出荷実績を確認します

　・企画通りに商品・数量が出荷・納品されているかを確認します。

　・販売先の店舗と売場の確認及び、計画と実績との進捗管理（定番に同じ）。

②補償内容の確認（定番に同じ）

（7）返品・値引き（定番に同じ）

（8）代金回収（定番に同じ）

3）店頭活動

　マーケティング活動として、特にインストア・マーケティングを実践するためには、店頭での情報収集、売場作り、受注活動等が重要です。

（1）店頭訪問計画

①週次で、企業毎・店舗毎に訪問回数の基準を決めて、訪問計画を立てます。

②計画にあたり、旗艦店、売上上位店及び、モデル店を決めて、商圏状況、店舗情報を把握しておきます。

③目的を持った店舗訪問をします。

　　　例1：定点観測

　　　　　チェック項目：エンド展開、新商品取り扱い、売価、
　　　　　　　　　　　　売り場レイアウト、定番本数、
　　　　　　　　　　　　新店・改装店、客層等

　　　例2：競合店との比較（**ストア・コンパリゾン**）

　　　・品種の重点としてカテゴリー別の品揃えを見ます。重点になっている品種を探します。重点の品種が同じ時は、競合店の1週毎にカテゴリー比較

します。

・価格ゾーン及び同一品種の値ごろを比較します。同じであれば競合店です。

・かち合っている値ごろの品質を競合店と比較します。品質が高いほうが競争に勝ちます。

（2）店頭での情報収集

①自社帳合商品の展開、売れ行き、本部指示内容実施有無、競合展開状況等を収集します。

②店長、売場担当者等とコミュニケーションを深めます。

（3）受注・MD活動

①店舗での受注を獲れるように店長や売場責任者等に積極的に働きかけます。

②自社帳合商品の優位陳列展開やフェイス拡大等も行います。

③エンドやレジ前等に企画提案を行います。

（4）売場作り

①来店客の視点に立った売場作りを行います。

②売場演出を行います。例えば、ＰＯＰ、現品サンプル、ボード等の販促物の設置です。

③ゾーニング、フェイシング等において、自社帳合商品が優位置になるように取り組みます。

④エンドスペースの拡大、多面展開（吊り下げ、什器、クロスMDの展開等）、自社帳合商品の露出度を高めることを考えて売場作りを行います。

第4節　セールス活動

注1）利益構造の理解のために

売上高 (100)	売上総利益（10）	販売費・一般管理費 (8)		売上原価 (90)	変動費 (93)	

（図表）

売上高（100）／売上原価（90）／変動費（93）

売上総利益（10）／販売費・一般管理費（8）／固定費（5）／限界利益（5）

営業利益（2）／営業外利益（仕入割引1）・営業外費用（売上割引1）・経常利益（2）／変動費（0）／限界利益（2）

<計算式>

売上総利益10＝売上高100－売上原価90

営業利益2＝売上総利益10－販売費・一般管理費8

経常利益2＝営業利益2＋営業外収益1－営業外費用1＝売上高100－（変動費93＋固定費5）

変動費93＝売上原価90＋（物流変動費1＋納品手数料2＋その他販売費0）＋売上割引1

　　　　－仕入割引1

固定費5＝人件費3＋減価償却費1＋物流固定費1＋その他事業固定費0＋本部共通固定費0

限界利益7＝売上高100－変動費93＝固定費5＋経常利益2

　　＝売上総利益10－（物流変動費1＋納品手数料2＋その他0＋売上割引1－仕入割引1）

限界利益率7％＝限界利益7÷売上高100

損益分岐点売上高71.4＝固定費5÷限界利益率7％

損益分岐点比率71.4％＝損益分岐点売上高71.4÷売上高100

129

第4章　卸売業のマーケティング

第5節　マネジメントサイクル

1．企業内のマネジメントサイクル

　企業のマネジメントサイクルは、「基本理念」から始まり、年度毎に経営方針、本部方針、部門方針、予算が策定されます。これらが、社員毎に作成されるMBO（目標管理）に繋がっています。日々の行動は、こうした年度や月次の計画が作られていることから出発しています。

<図4-17．マネジメントサイクル>

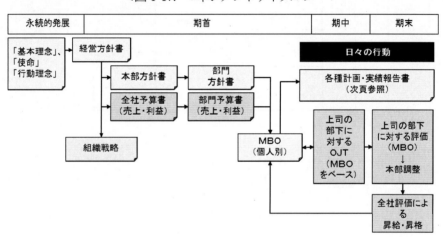

　マネジメントサイクルは、目標設定・計画作成（P）、実行（D）、評価（C・A）の一連のサイクルから構成されています。

1）計画系システム
A．月次・週間行動予定表（月次・週次）：月次と週間行動計画を立案し、上司とコミュニケーションします。
B．計画入力と進捗チェックシステム（都度）：週別に企業別商品別プロモーション計画、商品導入数、金額を計画・立案し、納品実績を取り込み、目標に対

する実績進捗管理をします。

2）実行・評価系システム

　営業活動システムは、目標設定された課題に対する営業活動状況が瞬時に一覧で把握できるリアルタイムで稼働するシステムです。

　対象となる営業活動は、「商談→提案書作成→見積（見積作成システム）→提案商談→内定（決定）状況→得意先登録→見積マスター登録→配荷、店頭活動、結果報告」等です。

　バッチで処理される報告システムの例を挙げておきます。

A. 日別売上・返品・利益実績速報（日次）

B. 部門別売上・粗利実績（部門別、業態別、企業別）（月次）

C. メーカー別売上・粗利実績（部門別、業態別、企業別）（月次）

D. カテゴリー別売上・粗利実績（部門別、業態別、企業別）（月次）

E. 納品率一覧表（月次）

F. 企画特売残リスト（月次）

G. 企画特売発行タイミング行数リスト（月次）

H. 企画特売履歴と実績チェックシステム（月次）

I. 値引き補償システム補償不足リスト（月次）

J. 補償システム（月次）

K. 無返品メーカー返品一覧（月次）

L. 単品粗利表（月次）

M. 不動・廃番・返品商品リスト（月次）

N. 月次決算書（月次）

O. 入金実績（15 日、20 日、25 日、末）

P. 買掛金赤算予備軍メーカー＆MD情報（月次）

Q. 補償回収遅延メーカー状況一覧（月次）

R. 在庫閲覧システム（リアルタイム）

第4章　卸売業のマーケティング

2．販売施策

　新規取引先の開拓や、現取引先との販売施策を一覧にしておきます。一店舗当たりの売上高向上施策がポイントです（第4章第3節「インストア・マーケティング」105頁参照）。

<表4-8．販売施策>

顧客	売上増減自律要因と対策			
新規取引先	顧客数	新規顧客を開拓する		
現取引先 ・得意先との深耕 ・既存店強化 ・企業別に営業戦略・行動計画を立案	取扱店舗数	企業別の新店・閉店による店舗数（企業決定要因）		
	1店舗当りの売上高	カテゴリー・売上	商品・品揃え戦略	顧客の取扱帳合を増加する（開拓）
				取扱商品の適正店舗別配荷
				差別化商品提案 （例：専売品、環境・健康商品、インポート商品、フットケア、ビューティ、フレグランス等）
				商品力（メーカー要因）
		大インストア・シェア拡	スペース・マネジメント	フロア・マネジメント（企業決定要因）
				シェルフ・スペース・マネジメント（品揃え・棚割提案）
			インストア・プロモーション	価格主導型SP（エンド特売・山積み展開、定番値引、チラシ特売等）
				非価格主導型SP（店頭フォロー、デモ、試供品等）
現取引先 ・得意先との深耕 ・既存店強化	取組会議（企業・メーカー・当社による商品・店頭戦略会議）の実施			定期開催
	店頭基軸の活動の徹底 週次行動の徹底 育成課題はマネジメント力、本部商談力、店頭展開力の強化			営業管理職・部員の教育・訓練
	取引中止・廃業にいたった場合の原因と対策の究明			

第5節　マネジメントサイクル

3．店頭に立とう

　店頭に立って買い場はどうなっているのか、消費者は何を欲しているのか観察してみましょう。どうすれば競争相手に勝てるのか、対案を出す必要があります。何よりも顧客満足を目指すことです。

　実際に行うためには、訓練や練習をしなければなりません。基本活動ができなければ、いくら知識をもっても、批評・批判するばかりの自分がいて、何もしないということになりかねません。

　企業経営、企業活動は、考えたことを実際に行って始めて、売上と利益が生まれます。

4．打てば響く組織になる

　卸売業では、マーケティングの活動が活発になってきています。そのために、仕入調達の部門の呼称がマーチャンダイジング部になってきています。営業部門もマーケティング的な呼称に変わってきています。企業が志向しています理念を組織に反映してきています。例えば、かつて営業本部としていました組織を、マーケティング本部と呼称変更しています。

　大きい企業が、小さい企業に勝つのではありません。早く行動を起こす企業が、行動の遅い企業に勝つのです。誰もが、早くスタートすることはできまし、素早く行動することはできます。

　早くスタートをすれば、途中の道のりで紆余曲折があっても、修復ができ、早く目的地に着き、勝てるのです。月次・週次行動計画はそのためにあります。顧客は常にベストを求めています。こちらの都合を待ってはくれません。顧客の要望やクレームにクイックに提案しましよう。社内に協力の輪を素早く作りましょう。

第4章　卸売業のマーケティング

参考図書
『マーケティング・エッセンシャルズ』F. コトラー著 宮澤等共訳 東海大学出版会 昭和61年5月
『新版MBAマーケティング』グロービス・マネジメント・インスティテューション編著 ダイヤモンド社 2007年3月
『マーケティング戦略[第4版]』和田、恩蔵、三浦著 有斐閣 2012年3月
『わかりやすいマーケティング戦略[新版]』沼上幹著 有斐閣 2015年1月
『ビジュアル図解 ヒット商品を生む！消費者心理のしくみ』梅澤伸嘉著 同文館出版 平成22年
『マーケティング・ビジネス実務検定アドバンスト版テキスト第3版』国際マーケティング協会 平成27年10月
『販売士3級[第3版]』清水、大宮、土居共著 税務経理協会 平成27年2月
『販売士2級[第2版]』清水、大宮、土居共著 税務経理協会 平成27年2月
『販売士1級[第2版]』清水、大宮、佐藤共著 税務経理協会 平成28年1月

第５章
卸売業の物流

第5章　卸売業の物流

第1節　卸売業の物流戦略構築に向かって

1．卸売業の物流は経営そのもの

　経営を行う時は、本来、モノやサービスを「作る」ことから始まって、「売る」、「届ける」、「代金回収」というシンプルな構造になっています。

　いずれの経営行為も抜くことはできません。例えば、「届ける」という行為を自社で行うかどうかは別にしても、届けるという物流を行わないと、売上の計上は、できませんし、代金の回収もできません。

　卸売業は、「売る」、「届ける」、「代金回収」の基本活動を行っていますし、「作る」も担っています。

<図5-1. 経営のサイクル>

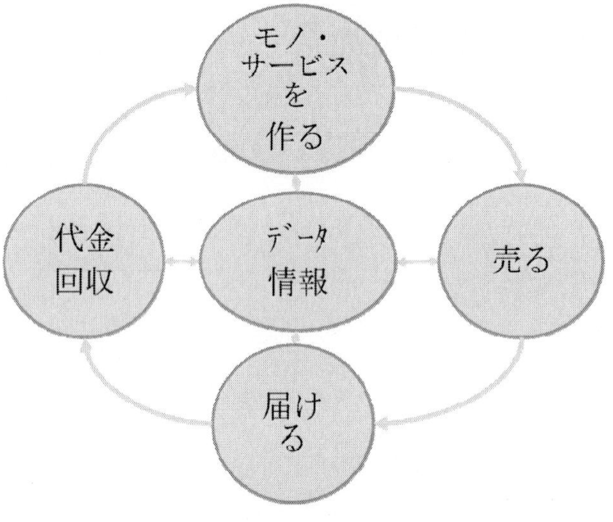

2．物流戦略の立案

1）物流戦略と経営戦略の関係

　物流戦略は、経営戦略と総合的な技術力の元で立てます。物流戦略の目的は、競争力のあるコスト低減にあります。

136

第1節　卸売業の物流戦略構築に向かって

　物流戦略の立案で、大事なことは、全社の方針である経営戦略と物流戦略を擦り合わせることです。物流戦略では、品質と安全、そして運営をあらかじめよく練ることです。その結果として、設備、情報システム、組織が決まります。

2）物流戦略策定の6項目

（1）経営戦略に基づき、営業戦略と物流戦略を策定します。

（2）営業・物流戦略で、顧客サービスレベルを決定します。

（3）物流戦略の策定項目としては、六つです。

　　　①**物流品質、安全・安定稼働、環境対策**

　　　②**運営**（サプライ、在庫、庫内作業、輸配送）

　　　③**物流拠点配置、倉庫**の規模とその設計・建設（又は賃借）

　　　④**物流設備、情報システム**

　　　⑤**運営組織、人材育成**

　　　⑥以上に関わる**エンジニアリング、運営費、投資と採算性検討**

3）物流費と組織能力

　物流費は、運営をしている「**組織能力**」に従います。言い換えれば、組織能力の結果として、物流費が計上されます。

　物流費：物流投資関連費（建物、設備・システム等）

　　　　　庫内作業費

　　　　　輸配送費

　　　　　管理費

具体的には、運営をしている組織が、エンジニアリングしていますので、投資が決まります。費用は、運営をしている作業の生産性により決まります。

　業務プロセスを全部自社でやるのは、経営資源上、手に余ることがあります。全部丸投げにしますと、他社との優位性がなくなります。自社物流か委託物流かのジレンマの中で、自社の「勝ちパターン」をいかに創るかにあります。

137

第5章　卸売業の物流

　卸売業の業務プロセスでは、「物流」は基本機能です。コスト競争力を持つには、組織運営能力が上げるようにエンジニアリングすることです。組織運営力の差が、競争力になります。

<図5-2. サプライチェーンと業務プロセス>

3．物流の仕組みの今昔

1）伝統的な物流の仕組み
（1）情報の変化と物販形態
　情報の変化が、物販形態を変えてきました。
　1960年代迄は、**口コミ**が主たる情報手段でした。そのときは、地域商店街が物販の主たる場所でした。
　1990年迄は、**マスコミ**、特に**テレビ**の影響力が強い時代でした。百貨店やスーパーが謳歌した時代です。
　1990年以降は**マルチ・チャネル化**[1]しました。その中で、専門店やコンビニエンスストアが繁栄してきました。
　以上の年代では、消費者にとって、業種・業態ともに小売店側がどのような構成の商品やサービスを提供するかの「供給の論理」でした。
　今日、**インターネット**が、購買のスタイルを変えようとしています。**オムニチャネル**[1]化してきています。インターネットでも、パソコンを使う時は自宅で探索型になり、モバイル（スマホ、タブレット等）では、買い物途上での発見型になるのが特徴でしょう。

注1）マルチ・チャネルとオムニチャネルについては、第5章第6節191頁参照。

第1節　卸売業の物流戦略構築に向かって

<表5-1. 情報の変化と物販形態>

年代	物販形態	情報手段	話題	小売業態
60年代迄	地域商店街	口コミ	近所の噂	業種
90年代迄	百貨店＆スーパー	マスコミ（テレビ）、通信（電話）	全国の話題（芸能、スポーツ、ブランド）	業態
90年以降	専門店とコンビニ	マルチ・チャネル	それぞれの趣味	
今日	オムニチャネル	インターネット・パソコン（探索）・モバイル（発見）		業態の均衡化現象

参考『高齢化大好機』堺屋太一著 NTT出版 2003年、筆者オムニチャネルを追加

（2）消費者が、欲する商品を手にする伝統的な構造

　従来は、メーカーが生産した商品を、卸売業が取り扱う商品を絞り込み、小売業が店舗の売場規模に合わせて品揃えをしていました。したがって、消費者は、店舗にある商品を選択購買するか、店舗を変えて選択することになります。

<図5-3. 伝統的な構造>

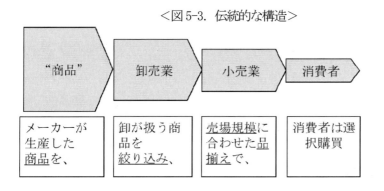

（3）サプライチェーン

①サプライチェーンは、市場に商品を供給するために行われる業務のつながりをいいます。サプライチェーンは、メーカー、卸売業、小売業などの企業によって分担され、委ねられています。

②サプライチェーンにおける企業間の関係は、「**受発注**」と「**納品**」という二つの機能によって連結されています。

「発注」は、小売→卸→メーカーへと流れます。

発注情報を基に「納品」は、メーカー→卸→小売へと流れます。

<図5-4. サプライチェーンのモデル図>

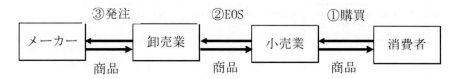

2）最近の動きと仕組み

（1）SPAとは

SPAは、specialty store retailer of private label apparel の略です。プライベートブランドを主力に品揃えする専門店です。主に服飾が中心ですが、ユニクロ、ニトリ、IKEA等が有名です。

①IKEAの事例

IKEAは、北欧デザインの**家具**や**インテリア**を、グローバルに低価格で販売しています。

A. サプライチェーンの全プロセス（製品開発から販売方式まで）を、**物流コスト**を基本に設計しています。

B. 積載効率を高め、輸送コストを抑えるために、**中型以上の家具**は組立式にしてパーツを**フラットパック**[1]に梱包した状態のまま、店頭販売しています。

C. **世界標準パレット**の積み付けに合わせて、フラットパックのサイズを設定し、そこにピッタリ収まるように製品デザインの段階で、パーツの形状や寸法を調整しています。

注1）フラットパックは、平たい段ボール箱のことです。

第1節　卸売業の物流戦略構築に向かって

D. 店舗からの補充発注は、すべて４０フィート・コンテナ単位です。

②ニトリの事例

「シングルマットレスポルタ２」のパッケージの容積を６分の１以下にしています。このために輸入用コンテナで、パッケージ改良前は120個積載していましたが、新開発のマットレスでは約800個運べるようになりました[1]。

（２）ネットビジネス

①ネットビジネスの構造

ネットビジネスは、商品と消費者が直接向かい合うことになります。

<図5-5. ネットビジネスのモデル図>

②ライフスタイルの視点

・消費者は、欲しい商品をクリック一つで、手にできます。
・購買するための時間と空間を一気に短くしています。
・消費者にとって、自宅に居ながら商品の注文と納品を受けられるようになりますので、優しい購買手段になります。例えば買い物難民の解消になるでしょう。
・消費者は、商品選択の自由に悩むことになります。サイトの中に生活シーンや用途等の商品検索の手立てがいります。選択という視点では、敢えて絞り込んだ提案（例：松竹梅等）[2]もあります。

③伝統的なマーケティング活動とネットビジネスの違い

製配販の伝統的なマーケティング活動とネットビジネスの違いは、マーケティング上、商品の流通チャネル構造にあります。それは、製配販各企業の経営資源投入（価格体系）の再構築を迫ります（図5-7、次頁）。

注１）週刊ダイヤモンド 2016/5/21「新生ニトリ始動」
注２）『経済は感情で動く－はじめての行動経済学』M. モッテルリーニ著　紀伊国屋書店

第5章　卸売業の物流

<図5-6. マーケティングプロセス>

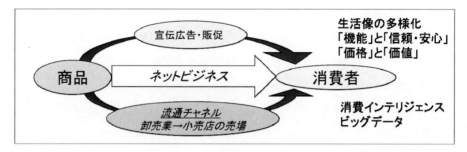

<図5-7. 流通過程の構造>

　ネットビジネスは、消費者の新しい買い場になっています。ネットビジネスは、品揃えの制約が事実上ありません。ネット上の商品情報を即時に更新できます。サイトの中で、購買が瞬間に決まります。サプライチェーン・プロセスが極端に短いのが特徴です。
④ネットビジネスとリアル店舗の違い
　ネットビジネスとリアル店舗の違いは、何かといえば、
　一つ目は、ネットビジネスは、1分1秒単位で、戦略を見直すことができる体制を整えられます。サイトにおいて、リアルタイムで売上状況のデータが蓄積され、その状況に応じてサイトの構成や商品の見せ方を変えることができます。
　二つ目は、さまざまなデータが、デジタルデータ化されています。あらゆるデータの蓄積が可能になり、そのデータを分析することで、今この時間に、何が最も売れる可能性があるかを計算できるようになりました。
　Webサイトでは消費者のあらゆるデータが蓄積されます。消費者のすべての行動パターンに合わせて、サイトを作り替えたり、適切な広告を修正したり、対応

することは山ほどあります。データを活用し、マーケティング情報にする宝庫といえます。

<図5-8. 消費者の行動パターンと蓄積される情報の流れ>

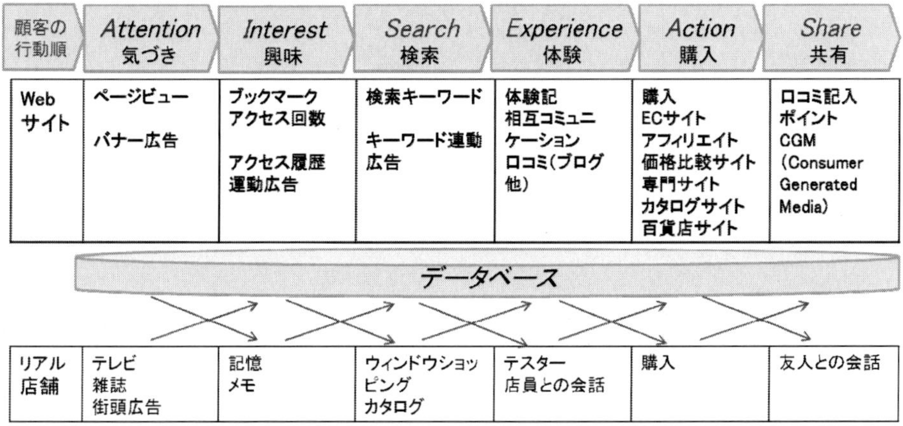

顧客の行動順	Attention 気づき	Interest 興味	Search 検索	Experience 体験	Action 購入	Share 共有
Webサイト	ページビュー バナー広告	ブックマーク アクセス回数 アクセス履歴 運動広告	検索キーワード キーワード連動広告	体験記 相互コミュニケーション 口コミ（ブログ他）	購入 ECサイト アフィリエイト 価格比較サイト 専門サイト カタログサイト 百貨店サイト	口コミ記入 ポイント CGM (Consumer Generated Media)

データベース

リアル店舗	テレビ 雑誌 街頭広告	記憶 メモ	ウィンドウショッピング カタログ	テスター 店員との会話	購入	友人との会話

出典『これから情報・通信市場で「何が起こるのか」p.86野村総合研究所 東洋経済新報社

⑤ネットとリアル店舗の連携・融合

　ネットとリアル店舗の連携・融合の事例として、特売情報とレシピ情報の連携で、スーパーに集客を図るケースです。

<クックパッド社の事例[1]>

　クックパッド社は、12年10月、サイト内で大手食品スーパー9,300店の特売情報の配信を始めました。ユーザーは、最寄りのスーパーを登録することで、その日の特売情報を知ることができます。

・特売情報からレシピ検索
・レシピの材料の中から特売商品を検索

　同社の新サービスとして、13年2月よりスーパーの店頭から特売情報をリアルタイムで、ユーザーに情報配信ができます。スーパーが、スマホで特売情報の写真を撮り、50字以内のコメントとユーザーに検索してほしいキーワード（食材や料理名等）をつけて投稿します。

注1）出所『週刊ダイヤモンド 2013/02/16 』

第5章　卸売業の物流

4．物流エンジニアリングの諸前提

物流の諸前提を企業間で改革することで、コスト構造は大きく変わります。統合化・標準化の視点から三つ取り上げます。
  1）サプライチェーンにおける企業間物流
  2）一貫性／ユニットロード
  3）取引条件

1）サプライチェーンにおける企業間物流

エンジニアリングの設計範囲によって、投資コストは増減し変わります。つまり、サプライチェーン全体を設計範囲とするか、企業単独のしかも物流設備に限定した範囲で設計するかによって、合理化の範囲や箇所が変わります。多くは企業単独の設計範囲になっており、企業間連携が乏しい状態です。

<図5-9. サプライチェーンと設計範囲>

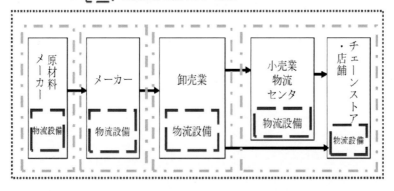

2）一貫性／ユニットロード

　市場ではメーカーによりマチマチなパレットサイズがとられています。一貫パレティゼーションにすれば、パレットのハンドリングになりますので、生産から納品までの荷役作業が大幅に減ります。

<表5-2. パレットサイズの違い>

JIS　Z0604　木製パレット（7サイズ）	
規格サイズ	採用先
①1100× 800mm	
②1100× 900	ビール4社採用
③1100×1100	1970年JISによって「一巻輸送用木製平パレット」(Z0601)の規格サイズは、T11と定められました。
④1300×1100	
⑤1400×1100	石油化学メーカー
⑥1200× 800	1/4の「600×400」が、陳列棚へそのまま搬入可（欧州のチェーンストア）
⑦1200×1000	冷食メーカー（米国のチェーンストア）但し、自動倉庫内では「1200×1100」

3）業務プロセス毎の取引条件

（1）販売のプロセスと取引条件によるコスト増減

　販売のプロセスと取引条件（顧客サービスレベル）によって、設備や運営が変わり、コストが大きく変わります。表5-3（次頁）は、卸売業から小売業に販売をする時のプロセスを想定しています。

　商品を在庫する時というのは、小売業の物流センターに在庫を置く時に、卸売業の預かり在庫とするか、小売業が買い取った時の違いをいいます。

　受注→ピッキング→配送（納品）→検品は、通常の業務プロセスです。各々のプロセス毎に方法がありますが、受注単位と、時間（リードタイム等）に関連する項目がコストの増減に大きく影響します。

第5章 卸売業の物流

<表5-3. 取引条件によるコスト増減>

販売の業務プロセス		取引条件によるコスト増減 高くかかる → 低くなる			
商品を在庫する時		卸売業等の預かり在庫			小売業の買取在庫
受注	方法	手入力	セールス受注	EOS	自動発注
	時期	随時受注			予約受注
	リードタイム	時間指定	当日中	翌日	翌日以降
	単位	ピース	内箱	ケース	パレット	車単位
ピッキング		ピース	内箱	ケース	パレット
配送	形態	自社配送	委託配送（貸し切り・路線）		引き取り
	届け先	消費者直送		店舗	物流センター
	荷姿	オリコン	ケース	カゴ車	パレット	車単位
検品		単品検品			口数検品
返品		有			無

（2）受注単位とピッキング単位によるケース・ピース比率

取引条件の中で、ケース・ピース比率が違うことによって、企業毎に物流費が異なる事例を掲載しておきます。ピース比率が高くなると、物流費対売上高比も高くなっています。

<図5-10. チェーン別売上高物流費比率>

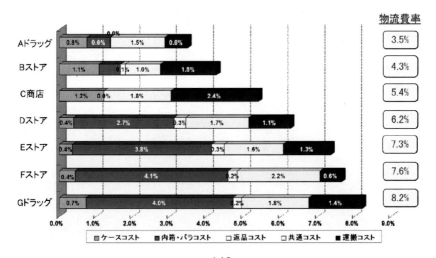

第1節　卸売業の物流戦略構築に向かって

　ケース・ピース比率の事例で、受注単位によって作業費と投資額が変わる試算
例を挙げておきます。ピースピッキング作業は、ケース作業だけの場合に比較し
て、作業コストは1.4倍と大きくなります。ピース用の設備投資をしますと、設
備投資総額の内、25％を占めることになります。

<表5-4. 受注単位による試算例>

作業費比較項目	モデル1 ケースとピース受注出荷		モデル2 ケース受注出荷	
	作業費	物量 構成比	作業費	物量 構成比
ケース作業費	50円/梱	60％	50円/梱	100％
ピース作業費	100円/オリコン	40％	0	0
庫内作業費計	70円/口	100％	50円/口	100％
モデル作業費差	▲20円/口			
設備投資比	ピース設備投資がないと、設備投資総額を約25％低減できます。 例：投資額8億円であれば、2億円の減少。			

注1．ケース作業費は、入荷から出荷までの全ての作業費を含むものとします。
注2．ピース作業費は、1ピース当り作業費を4円とし、オリコン入り数は25ピースと
　　　しますと、@4円/ピース×25ピース/オリコン＝100円/オリコンになります。

（3）ABC（Activity Based Costing 活動基準原価計算）の活用

　ABCの定義としては、狭義には、業務を活動単位に細かく分解し、活動単位
のコストを算出することです。広義には、活動単位のコストを計算することに
より、より正確な製品・サービス原価の計算や顧客への納入価を算出する方法を
いいます。

　「チェーン別売上高物流費比率（図5-10前頁）」は、ABCによって、作ら
れています。

　ABCは、ビジネス（仕事）をアクティビティ（活動）に分解することから
始まります。図5-11に例示的に示しておきます。

参考図書『ABCマネジメント理論と導入法』アーサーアンダーセン ビジネス コンサルティング グループ 著 ダ
イヤモンド社 1997年3月

第5章 卸売業の物流

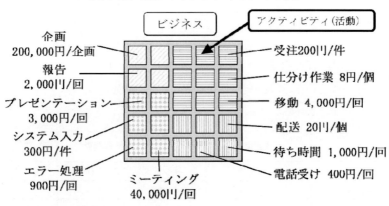

<図5-11. ABCのアクティビティの例>

次に、ABCの計算方法（ABC計算ロジック）とABCコスト算出例を示しておきます。さらに、ABCA（Activity Based Costing Analysis）によるABCの分析例を参照ください。ここでわかることは、時給を変えないとすると、作業時間や作業回数の増減によって作業費が増減することです。

<図5-12. ABCの計算方法>

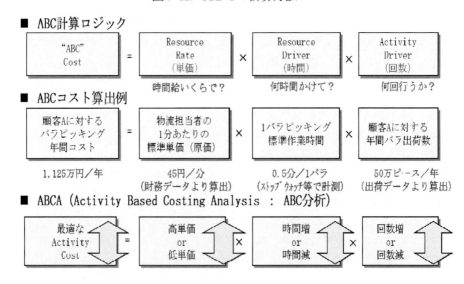

物流出荷業務コストを、ＡＢＣで計算して算出した例です。出荷を総量出荷と店別出荷に分け、各々について、ケース出荷、内箱出荷、ピース出荷に分けてコストを算出しています。

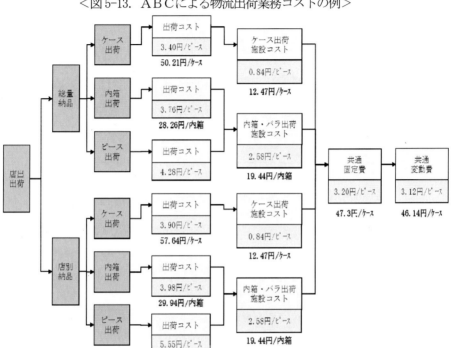

＜図5-13．ＡＢＣによる物流出荷業務コストの例＞

（4）物量波動

曜日波動が著しいと、要員や車の手配への影響が大きくなります。ピースの波動が典型ですが、月・木曜日と他の曜日では出荷するピース数がまるで違います（図5-14次頁）。特に、月曜日は小売業が土日の販売後ですので、店舗からの発注量が増加します。波動の傾向を読み取り、予測することが重要になってきます。

＜図 5-14．受注時の曜日別物量波動の影響＞

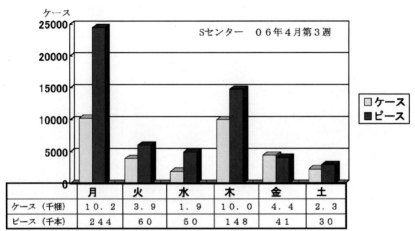

	月	火	水	木	金	土
ケース（千梱）	１０．２	３．９	１．９	１０．０	４．４	２．３
ピース（千本）	２４４	６０	５０	１４８	４１	３０

（５）受注締め切り時刻と受注・納品リードタイム

各チェーンからの発注時刻と納品時刻が各々異なりますので、庫内作業に空き時間が生じることがあります。また、総量出荷か店別出荷かにより、小売業毎のケース出荷作業時間とピース出荷作業時間に違いがありますので、待機時間が発生することがあります。

＜図 5-15．庫内作業スケジューリング＞

作業工程（単位）	バッチ	物量	総人時数（人時）	8時	9	10	11	12	13	14	15	16	17	翌日
受信				★A社等			★M社			★P社等				
梱ピッキング（千梱）	A社	2.4	12											
	M社	0.6	3											
	P社	3.0	15											
	計	6.0	33		6人	6	6	3			5	5	5	
ピースピッキング（千本）	A社	15	30											
	M社	30	60											
	P社	40	80											
	計	85	170		15人	15	15	30	30		27	27	27	
店納品時刻										■A社		■M社		■P社等

（6）納期／受注・納品リードタイム

　翌日納品と当日納品では、庫内作業費と配送費は違ってきます。

　翌日納品は、納入側にとって庫内作業や配送の計画を前日に検討することができますので、人や車の手配の面から、コスト管理しやすくなります。一方、翌日納品は、一晩庫内の出荷エリアに寝かせておきますので、倉庫にそのスペースが必要になります。または、一晩、車に積み置きすることになります。

　当日出荷は、今日の出荷量を今いる人や車で行いますので、手配の面からは大変厳しい運営になります。当日出荷の良い点は、出荷用のエリアを小さくできることです。

<図5-16. 受注・納品リードタイム>

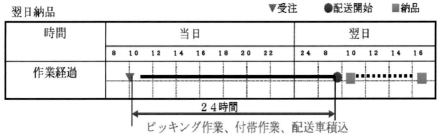

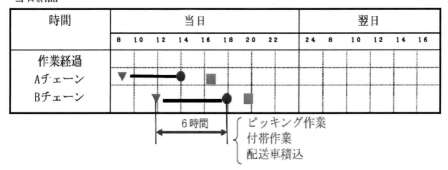

第5章　卸売業の物流

（7）納品時刻

　納品時刻の指定があるかないかで、車の台数が大きく変わりますので、配送コストも増減して変ります。また、車の台数により、環境問題（CO_2排出）に直接影響します。

　一斉出荷方式をとりますと、店舗数だけの車を用意しなければなりません。当然、配送費はかかります。店舗側の店内作業計画との相談になりますが、ルート配送の到着時刻と店内の作業との擦り合わせが必要です。

<図5-17.　一斉納品とルート納品モデル図>

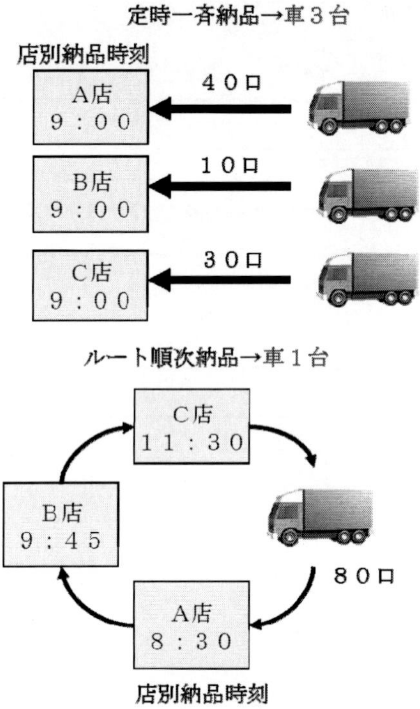

定時一斉納品→車3台

店別納品時刻

A店 9：00	←40口
B店 9：00	←10口
C店 9：00	←30口

ルート順次納品→車1台

C店 11：30 → 80口 → A店 8：30 → B店 9：45 → C店

店別納品時刻

152

第1節　卸売業の物流戦略構築に向かって

4）卸売業から見た取引条件の変化

（1）取引条件の変化

1990年代を境に、卸売業と小売業の取引条件が、よりきめ細かくなってきました。受注単位、仕分単位、納品箇所、受注・納品リードタイム、付帯作業、情報処理、在庫のいずれを取りましても、卸売業にとっては作業コストがかかるようになってきました。また、小売企業毎に専用化された仕組みに対応して納品することになってきました。

<表5-5. 取引条件の今昔>

取引条件		過去	１９９０年代以降
受注単位		ケース単位	ケース／ピース単位
仕分単位		店舗単位	店舗単位 店舗別部門別仕分納品 総量納品
納品箇所		店舗	店舗、小売業物流センター
受注・納品リードタイム		受注後翌々日	受注後翌日又は当日
付帯作業	相手先ラベル貼り	なし	ケース／オリコン単位
	納品容器	なし	カゴ車／T11以外のパレット
	専用オリコン	なし	相手先専用オリコン
情報処理	EDI、流通BMS	なし	あり
在庫	ロット管理（消費・賞味期限管理)	なし	あり

153

第5章　卸売業の物流

（2）物流サービスと物流費の関係

　物流サービスと物流費の関係をまとめますと、受注締め切り時刻や納品時刻は作業費に影響します。受注単位や納期（納品リードタイム）は投資に影響します。

<表5-6.　物流サービスと物流費>

物流サービス	物流費への影響	投資・費用
①受注締め切り時刻	受注締め切り時刻は、物流作業時間を決めます。 →運営時間帯が朝型、昼型、夜型のいずれかなります。 →作業コスト 　夜型は、昼型よりはコストが高くなります。	作業費
②納品時刻	納品時刻により、物流作業時間が決まります。配送コースと配送車両台数が決まります。	
③受注単位	受注単位によって、庫内の作業単位がパレット単位、ケース単位、ピース単位のいずれかになります。 →仕分設備に影響します。 　運営費用にも大きく影響します。	投資額
④納期	納期（翌日納品か当日納品か）は、物流センターの配置と数を決めることになります。 →倉庫の立地	

154

第1節　卸売業の物流戦略構築に向かって

５．卸売業の物流における組織能力

物流部門が、自前で持つべき組織能力は、エンジニアリング力と運営力です。

この二つの組織能力は、コスト低減の源泉になります。

①エンジニアリング力

　　構想・企画・設計・開発・投資・運営に関わる組織力です。

②運営力

　　運営力は、作業に関連した安全、品質、生産性（コスト）に関わる組織の力
　です。生産性は、設備と運営の品質精度によって、変わります。

１）エンジニアリング力

エンジニアリングは、「顧客サービスレベル」に基づき、サプライ（供給・調
達）、拠点の配置、庫内作業、輸配送、在庫管理と情報システムを構築します。

<図5-18．エンジニアリングの構成要素>

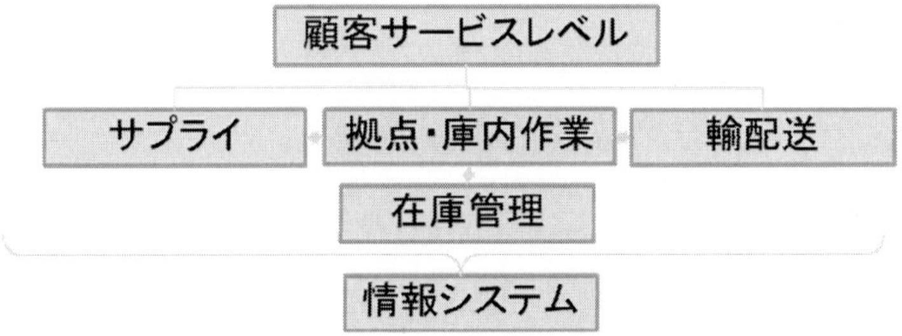

卸売業の「物流センターの役割」は、客先（小売業等）から発注された商品と
数量を、約束した納品日・場所（店舗等）に納品することです。この約束事を具
体化したのが、取引条件であり、それが**顧客サービスレベル**を規定します。

したがって、取引条件（顧客サービスレベル）を満足するように、設備設計する
ことになります。

第5章　卸売業の物流

　物流の設備投資は、安全・品質の向上を図り、生産性を上げる即ち、コスト低減するために行います。設備を自動化することが最終の目的ではありません。作業の生産性を向上するために、作業を無人化若しくは省力化してコストを下げることが、経営の理にかなっているかどうかにあります。経営的にみて価値がある物流センターとは、物流センターの役割を"最小の設備"と"最小の運営費"で果たしていることです。

2）運営力

（1）運営力と生産性

　運営力は、安全、品質、生産性（コスト）に関わります。安全（従業員の生命）と品質（客先の信頼）を前提に、現場の生産性を上げること、即ち、コストを低減することです。

　　　庫内：就業人時生産性＝作業人時生産性×人の稼働率
　　　配送：就業台時生産性＝作業台時生産性×車の稼働率

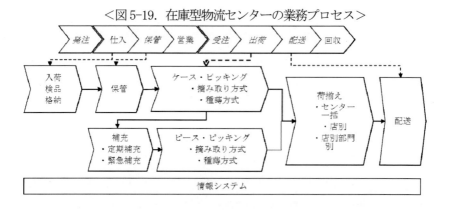

<図5-19. 在庫型物流センターの業務プロセス>

生産性を向上させるには、作業そのものと設備により検討します。

就業人時生産性の成り立ち

庫内作業費＝時給×総人時・・・・・・・・・・・・・・・・・（1式）

総人時＝時間×人数・・・・・・・・・・・・・・・・・・（2式）

拘束時間＝就業時間＋休憩時間・・・・・・・・・・・・・（3式）

就業時間＝作業時間＋待機時間・・・・・・・・・・・・・（4式）

就業人時生産性＝物量÷（就業時間×人数）・・・・・・・（5式）

作業人時生産性＝物量÷（作業時間×人数）・・・・・・・（6式）

人の稼働率＝作業時間÷就業時間・・・・・・・・・・・・（7式）

$$就業人時生産性＝\frac{物量}{作業時間×人数}×\frac{作業時間×人数}{就業時間×人数}\quad・・（8式）$$

（6式）を（8式）に代入しますと、

$$就業人時生産性＝作業人時生産性×\frac{作業時間}{就業時間}\quad・・・・・・・・（9式）$$

（7式）を（9式）に代入しますと、

就業人時生産性＝作業人時生産性×人の稼働率・・・・・・・（10式）

出所『製配販サプライチェーンにおける物流革新』拙著

（2）生産性向上の原則

生産性向上の原則を示しますが、大事なことは、各原則が就業人時生産性のように計算式で成り立っていることを理解しておくことです。物流の生産性向上でも、気合と根性だけでは、生産性向上は長続きしません。継続的に生産性を向上するには、正しい理論計算のもとに行うことです。

第5章　卸売業の物流

①1単位（1回）当りの物量を大きくする原則（**大量化**）

　　A．車両大型化

　　B．庫内作業単位の大型化

②1単位（1回）当りの作業時間を短くする原則

　　C．移動距離短縮化（**直通化・短絡化**）

　　D．作業動作短縮化（**作業動作標準化**）

　　E．作業一貫性（**商品に指紋をつけない工程の工夫**）

　　F．連続性（**待機時間ゼロ化**）

　　G．平準化（**投入人時数の一定化**）

出所『製配販サプライチェーンにおける物流革新』

（3）生産性向上のコツ

①制約工程探し

　生産性向上のコツは、作業の制約条件を発見し、解除することです。

　現場を見るときに、作業を一番遅らせている作業工程が何かを探し、その工程の制約を解くことから始めます。「庫内作業スケジューリング」（図5-15, 150頁）でいえば、出荷作業毎に遅らせているケース作業もしくはピース作業のいずれかが、その日の作業を遅らせています。バッチ作業毎に遅れの原因を探してみることです。バッチの内容が、A社やM社主体の時は、店別作業になっており、ピース作業に追われているかもしれません。P社主体の時は総量作業のために、ケース主体になっているのでしょう。それぞれ対処方法は違います。

　組織の能力を短期間に、かつ最大限に高めるには、組織の最も弱い部分を集中的に強化すればよいのです。各所でバラバラに行う改善は「部分最適」にすぎず部分最適の総和は必ずしも全体最適にはつながりません。

②ムラ・ムダ・ムリ（ダラリの帯を締める）

　制約工程の中のムダな作業を合理化します。多くのムダは、ムラから発生しています。ムラとは**ばらつき**を指します。ムラがあるので、ムダ（余剰）とムリ

（負荷）が生じます。

A.　「物量の波動」（図5-14, 150頁）は、ムラがムダとムリを引き起こす典型です。ムラがなければ、即ち、平準化していれば、庫内作業要員も車も日々一定量で済みます。物量の少ない時のように要員や車のムダ（余剰）を抱え込まなくて済みますし、物量の多い時は、負荷がかかること（ムリ）をしなくても済みます。

B.　ケース・ピース比率の問題（図5-6）も、同様に、顧客によってケース・ピース比率が違いますので、作業バッチ毎にケースとピースのムラが生じています。したがって、いずれかの作業に待機時間を生むことになります。

C.　物流拠点の配置の仕方や拠点数によっても、ムラ・ムダ・ムリが起きます。納期の都合で分散配置をしますと、小規模物流拠点が多くなり、物流拠点を集約した時に比べ、ムラ・ムダ・ムリが生じやすくなります。顧客への受注・納品のリードタイムが許される範囲で集約することが、望ましいのです。その結果として、拠点規模と在庫量が決まります。

（4）生産性の向上例

　ピッキングの生産性向上は、ピッキングに関わる時間を短くすることです。そのための生産性向上の第一歩は、個人別生産性のバラつきをなくすことです。次に、作業を計算式に置き換えてみることです。どの要素を改善することが生産性を上がるのか、だれもが理解しやすくなります。

　ピッキング作業時間を改めて計算式に置き換えますと、次のようになります。

ピッキング作業時間＝準備時間[1]　＋ピッキング時間[2]　＋移動時間[3]

[1] 準備時間は1回の作業に取り掛かる時間と作業終了時の固定時間（秒/回）

[2] ピッキング時間＝ピッキング秒数（秒/個）×個数

[3] 移動時間＝移動秒数（秒/m）×{往復の移動平均距離m＋商品間の移動平均距離m×（行数－1）}

出所『製配販サプライチェーンにおける物流革新』

第5章　卸売業の物流

　ある物流センターのピースピッキング作業の個人別生産性を計測し、3ケ月間の変化をグラフ化した図を掲載します。就業人時生産性が、200もしくは300ピース/人時の低生産性であった50人を、400ピース/人時以上に引き上げた時に、生産性が441ピース/人時から571ピース/人時に向上した事例です。

　この事例は、生産性の制約になっているのは何かから考えています。やはり、低生産性のメンバーを底上げすることが、道理に叶ったやり方でした。

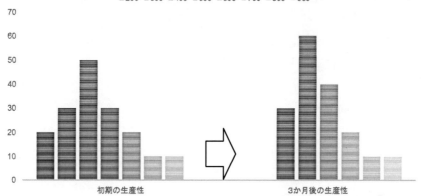

＜図5-20. 生産性別人数変化3ケ月後＞

＜表5-7. 生産性別人数変化3か月後＞

生産性(p/mh)	200	300	400	500	600	700	800	900	計	生産性
初期の人数	20人	30人	50人	30人	20人	10人	10人	0	170人	441p/mh
3か月後の人数	0	0	30人	60人	40人	20人	10人	10人	170人	571p/mh

第1節　卸売業の物流戦略構築に向かって

（5）生産性向上のパラダイム

　生産性向上に関わる企業間及び企業内の関連を一覧表にしておきます。本来は企業間の取引を考えることから出発したほうが、企業間や日本国内全体の生産性は劇的に上がると思います。日々の現実の中では、企業内努力を重ねて、生産性を向上させ、競争に打ち勝つことです。

　下記フローの項目は、関係する頁を参照して、内容を確認するとよいでしょう。

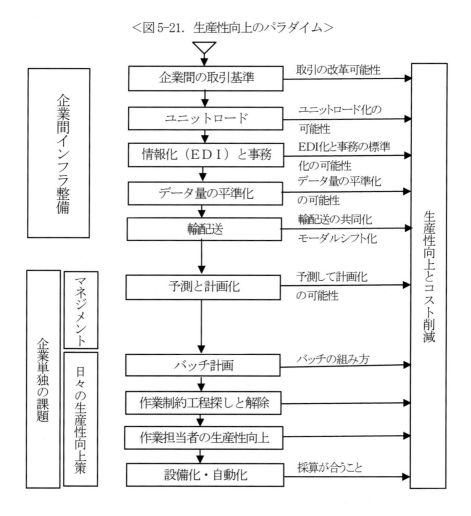

＜図5-21. 生産性向上のパラダイム＞

第5章　卸売業の物流

第2節　物流エンジニアリング

1. 物流エンジニアリング／全体構想と細部

1) 物流部門が自前で持つべき組織能力
物流部門が自前で持つべき組織能力は、エンジニアリング力と運営力です。

・物流エンジニアリングは、全体構想を作り、企画・設計・開発、稼働・運営

　できるようにすることです。

・細部を詰めきって考え抜いて、設計することです。

・利益がでるエンジニアリングをすることです。

2) 物流エンジニアリングでいう細部とは
　物流エンジニアリングの細部は、運営（作業計画・人員配置・庫内作業・配送）と運営に関わる情報システム、設備、倉庫等のすべてを指します。これらは、すべて論理的に繋がっています。実際にエンジニアリングする時は、相互の関係を十分に知悉して行うことです。

　エンジニアリングは、ダウンストリームの方向だけで行うものではありません。場合によっては、アップストリームと言って、出来上がったものを再度下から順に見直すことも必要です。ちょっとしたデータの誤解があるかもしれません。それに気付くかどうかは、全体から見た場合と、個別で見るという両方から検討してみないと、わからないことがあります。

　再度書きますが、物流の仕事は、すべて、論理的に繋がっています。一カ所くらい良いというわけにはいかないのです。運営をする時には、人もモノも設備もデータ指示に従って動きます。コンベアは制御に従って動きます。そのことを想定してエンジニアリング当初からしっかりした動く姿を検討しておくことです。運営の視点が欠けて、設備主体でエンジニアリングしているケースにしばしば出

会います。設備化した後に、運営者からこんなはずではなかったとの声を聴くことがありますが、時すでに遅いのです。細部の議論とはこの辺まで踏み込んで行うものだということです。

図5-21で示しているエンジニアリングの対象について、関係者がエンジニアリングする時も運営する時も、内容を皆が諳んじていることが望まれます。

<図5-21. エンジニアリングの方向>

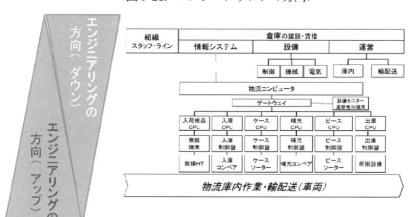

3）ピースピッキングの方式を検討するときの基本事項

日用品卸売業にとって、一番人手もコストもかかるピースピッキングについて整理してみます。ピッキングとは、受注があった商品を在庫から選び出すことを言います。

（1）ピッキング方法

①**シングルピッキング**は、客先の受注毎にピッキング（摘み取り方法）です。

②**バッチピッキング**（総量ピッキング）は、数件の客先を一つのバッチにして、アイテム毎に総受注数をピッキング（摘み取り）し、後で、各客先に仕分ける作業を行います。この作業は、種蒔又は アソートといいます。

第5章　卸売業の物流

（2）作業方法は2種類

①人が商品のところに移動してピッキングする方式

　　ピッキングに要する時間：①商品を取りに行き、商品を探し、戻る時間

　　　　　　　　　　　　　　②商品を取り出す時間

　　多くの物流センターで行われている方式です。

　　長く歩かせるという意味で歩行時間が問題になっています。

②人は移動せず、商品を自動的に搬出して行う方式（例：回転棚）

　　ピッキングに要する時間：①商品がピッカーのところにくる時間

　　　　　　　　　　　　　　②商品を取り出す時間

　　日本ではあまり行われていない方式ですが、欧州の設備ではよく見かける

　設備の考え方です。人による歩行時間（移動時間）がありません。アマゾン

　社で採用されています「棚」を自動搬送ロボットでピッカーのところまで運

　ぶKIVAシステムが有名です。

（3）作業員の配置

①1人1件方法は、1人のピッカーが1件の受注伝票で注文のあった商品を

　ピッキングします。

②リレー方法は、数人のピッカーが各自の分担する商品や棚の範囲を決めて

　おき、ピッキング指示の中の自分の受け持つ範囲の商品をピッキングし、

　リレー式に次のピッカーに渡していきます。

4）ピースピッキング設備

　ピースピッキング設備としては、下図のような各種の設備があります。
　シングルピッキングでも、バッチピッキングでも、基本的な設備は、人が取りに行く摘み取り方式か、種蒔方式になります。

<図5-22. ピースピッキング設備の例>

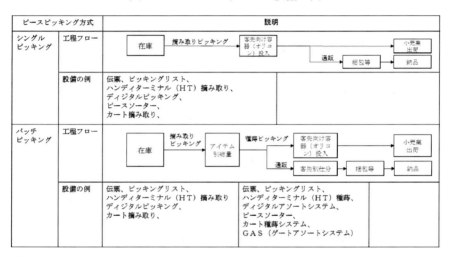

第5章　卸売業の物流

5）設備投資額

　設備は、作業フローの作り方や自動化レベルにより変わり、投資額が変わります。物流フローにしたがって、作業に関する設備と、搬送に関する設備に分けて、一覧にしておきます。

<表5-8.　作業や搬送に関する設備の例>

基本作業		作業に関する設備の例	搬送に関する設備の例
入出荷作業の流れ	入荷・検品	・無線ＨＴ	
	格納		・コンベア、台車 ・フォークリフト
	保管	・自動倉庫 ・パレットラック ・中量棚	
	ケースピッキング	・摘み取り用設備 ・種蒔用設備	
	仕分・荷揃		・コンベア／ソーター ・フォークリフト
	補充	・摘み取り用設備 ・種蒔用設備	・コンベア／ソーター ・フォークリフト
	ピースピッキング	・摘み取り用設備 ・種蒔用設備	
	仕分・荷揃		・コンベア／ソーター

166

第2節 物流エンジニアリング

2．物流のIoTによる見える化

　エンジニアリングでは、細部が見えるようにすることです。IoT（internet of things）が進めば、より見えるようになります。

　IoTは、モノやヒトの状態が情報として、ネットワークで繋がっていますので、再度入力することもなく瞬時に伝わります。リアルタイムに大量のデータが生み出されますので、この変化をどのように活用するか、そのためのシステムをどのように作るのかが、企業の能力の差となります。

　IoTをうまく活用できれば、意思決定を素早くできますし、オペレーションの変化対応も早くなります。それが競争優位を獲得できる基盤になるでしょう。

　下図は、筆者がかつて構築した物流センターで全データをリアルタイムに収集し、マネジメントに結び付けた例です。活用し易くするためのアプリケーション開発（AI開発も含む）と、活用できる人材を育成できることが今後の課題です。詳しくは、『物流エンジニアリングの温故知新』第2章第6節を参照ください。

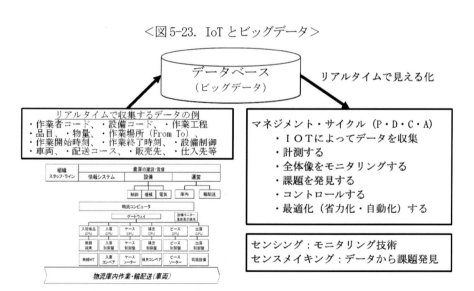

＜図5-23．IoTとビッグデータ＞

第3節　物流投資と採算

1. 物流投資
物流投資を行う時は、利益がでるエンジニアリングをすることです。
①物流投資は、貸借対照表と損益計算書の両面から評価します。
　貸借対照表は、設備投資額と投資評価の視点で見ます
　損益計算書は、設備投資によって物流経費を削減し、投資採算性の視点で見ます。
②設備投資をする意味を考えることです。
　設備投資をして、庫内作業の合理化をして、コストを低減することです。
　採算が合えば、労働力の不足が構造化していますので、全自動化を図ることでしょう。但し、物流センターはショールームではなく、物流機能を果たす場所です。
③設備投資によって、固定費（設備の減価償却費等）は上がります。
　設備化によって生産性が上がり、運営費は下がる関係です。

2. 投資
ファイナンス（金融）では、「金銭には時間的価値がある」、つまり「今日の1円は明日の1円よりも価値がある」と考えます。

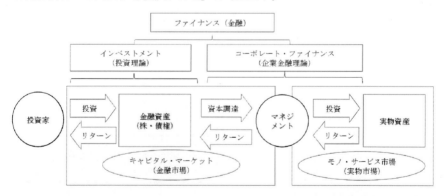

参考：『新版MBAマネジメントブック』グロービス・マネジメント・インスティチュート著、筆者編集

3. 投資の意思決定方法

代表的な投資の意思決定方法として、①正味現在価値（NPV）法、②内部収益（IRR）法、③ペイバック（回収期間）法、④EVAがあります。

（1）正味現在価値法（NPV法　net present value）

投資により生み出されるキャッシュフローの現在価値（present value）と、初期投資額を比較することで、投資を評価します。現在価値は、将来受け取る金銭の今日の時点での価値をいいます。

NPV＝投資が生み出すキャッシュフローの現在価値－初期投資額

NPV法による投資評価のステップ

①投資により生み出されるキャッシュフローを予測します。

②キャッシュフローの現在価値を計算します。

現在価値（PV）＝n年後に受け取る現金C÷（1＋割引率r）^{n}

③NPVを計算します

④NPVが正ならば投資を行い、負ならば投資をしません。

（2）内部収益法（IRR法　internal rate of return）

IRRは、投資利回りのことです。IRR法では、同程度のリスクを持つ投資案件の利回り（ハードル・レート）と、当該投資機会の利回り（IRR）を比較することにより、投資を評価します。

IRRは、NPV＝0となる割引率として定義されます。

初期投資額をCF$_0$（負）としますと、次のようになります。

$$CF_0 + \frac{CF_1}{1+IRR} + \frac{CF_2}{(1+IRR)^2} + \cdot \cdot + \frac{CFn}{(1+IRR)^n} = 0$$

IRR法による投資評価のステップ

①ハードル・レートを設定します

②投資により生み出されるキャッシュフローを予測します

第5章　卸売業の物流

③ＩＲＲを計算します

④ＩＲＲがハードル・レートよりも大きければ投資を行い、小さければ投資をしません。

（3）回収期間法（ペイバック法）

　初期投資は、投資を回収するべき期間（カットオフ期間）に回収されるべきだという考え方に基づきます。例えば、1000万円を投資すると毎年100万円を生み出す場合、回収期間は10年となります。ペイバック法は直感的に理解しやすく、実際に広く使われています。但し、金銭の時間的価値の概念が考慮されていないこと、カットオフ期間（投資を回収すべき期間）以降のキャッシュフローが考慮されていない等で、必ずしも望ましい評価手法とは言えません。

（4）経済付加価値（ＥＶＡ[1]　economic value added）

①ＥＶＡでは、企業の営業活動による税引き後営業利益（ＮＯＰＡＴ）から、調達資金にかかるすべての資本コスト（ＷＡＣＣ）を差し引いたものを、企業の真の利益（付加価値）として認識しています。資本コスト支払い後の企業の付加価値を増大させ、ひいては株主価値を増加させようという考え方です。

②ある年度のＥＶＡ（EVA_n）を求める計算式

$$EVA_n = NOPAT_n - WACC \times Capital_{n-1}$$

・ＮＯＰＡＴ$_n$：n年度の税引き後営業利益（net operating profit after tax）

・ＷＡＣＣ（weighted average cost of capital）：加重平均資本コスト（率）

・Ｃａｐｉｔａｌ$_{n-1}$：n年度期初（n−1年度末）の投下総資本

③ＥＶＡによる評価

　資本コスト負担の有無が、ＥＶＡに大きな影響を与えます。ＥＶＡをベースにして、新規投資や、資産除却時の投資を評価するには、ＥＶＡが、適切と考えています。

注1）ＥＶＡは、米国コンサルティング会社のスターン・スチュワート社の登録商標です。

第3節　物流投資と採算

EVAは、営業利益の拡大と資産の圧縮が評価基準となります。
・投資案件のコストメリット（減少費用と増加費用の差し引き）を評価して、税引き後営業利益が上がるかどうかを判断できます。
・投資判断として、EVAが少なくともゼロ以上か、即ち投下資本を回収できているかどうかを金額で判断できます。

<表5-9. EVA評価の事例>

EVA計算勘定科目		計算式	項目	1年目(百万円)	（2〜7年は略）	合計(百万円)
減少費用	1. 投資による庫内費削減効果費用		A	56		392
	2. 設備廃棄による保全費削減額		B	18		123
	計	C＝A+B	C	74		515
増加費用	減価償却費		D	26		184
	修繕費・税・保険		E	5		33
	計	F＝D+E	F	31		217
営業利益の増加		G＝C−F	G	43		298
税金（実効税率42%とする）		H＝G×42%	H	18		125
税引き後営業利益（NOPAT）の増加		I＝G−H	I	25		173
投下資本	建物		J	24		168
	設備		K	179		1253
	除却設備の期首簿価		L	△123		△641
	計	M＝J+K+L	M	80		780
資本コスト（5%）の増加（WACC）		N＝M×5%	N	4		39
EVAの増加		O＝I−N	O	21		134
現在価値EVA（割引率5%）		P＝O×95%	P	20		127
税引き後控除損永年割引資本コスト			Q	10		71
EVA（確定後）		R＝P−Q	R	10		56

4. 倉庫投資モデル事例

　自社投資と賃貸借契約を対象にしたモデルで検討してみます。賃貸借の時は、契約満了時に原状回復が契約上、課せられます。この費用も予め織り込んでおきます。設例として、倉庫延床面積5,000坪を建設した時の自社投資と賃貸借契約を比較します。

A. 自社投資額

　　土地購入代2,605百万円　　（購入単価@521千円/坪×購入面積5000坪）
　　倉庫新築　1,500百万円　　（建設単価@300千円/坪×延床面積5000坪）
　　投資合計　4,105百万円

171

第5章　卸売業の物流

　　20年後に土地は購入価額で、建物は未償却簿価で売却するとします.
B．賃貸借契約
　　賃貸借契約期間は、20年間、賃貸借料は、坪月当り@3,889円、延床面積5,000
坪とします。月当り19.4百万円、年当り233百万円、20年間で4,666百万円
になります。契約満了時は、自社負担で建物撤去と更地化して返却し、撤去費
用は、280百万円とします。

<表5-10.倉庫投資と賃貸借のEVA比較計算モデル（20年累計）>

項目	自社投資（41億円）	賃貸借
収益増加額	７４．３億円	７４．３億円
費用増加額		
投資による増加建物償却費	△１１．７億円	－
投資による固定資産税・保険料	△１２．６億円	－
賃貸借料	－	△４７．０億円
20年後の撤去更地化費用	－	△２．８億円
費用計	△２４．３億円	△４９．８億円
営業利益の増加	５０．０億円	２４．５億円
税金（４２％）	△２１．０億円	△１０．３億円
税引き後営業利益	２９．０億円	１４．２億円
資本コスト（５％）	△３３．３億円	０
土地建物売却代金	１９．７億円	０
ＥＶＡ累計額	１５．４億円	１４．２億円
ＥＶＡ（割引後）現在価値額	４．０億円	９．３億円

<両者の比較>
①自社投資は、表には書いておりませんが、初年度より単年度EVAは赤字が続い
ております。最終年度に土地と建物を売却することで売却益19.7億円を上げて
おりますので、EVA累計額は、累計赤字額4.3億円を控除して、15.4億円になっ
ております。EVA現在価値額は、4億円になっております。
②賃貸借のEVA現在価値額は9.3億円ですので、自社投資より勝っております。
③土地に対する投資が20年後に同一額で売却できると仮定していますが、土地
神話がない今日、果たしてその保証があるでしょうか。投資が収益を生まないな
らば、投資するよりは賃貸借にした方が長い目では有利でしょう。

172

第3節　物流投資と採算

5．改修投資の事例

改修投資は、家賃＋建物改修費＋原状回復費になります。

＜改修投資の事例＞

1,000 坪の倉庫を坪月当り 3 千円で、5 年間賃借する時

- ・家賃 1,000 坪×3 千円/坪月×12 ヶ月＝36 百万円/年
- ・建物改修費 20 百万円とする÷5 年＝　　4 百万円/年
- ・原状回復費 30 百万円とする÷5 年＝　　6 百万円/年
- ・年間倉庫費　　　　　　　　　　　　　46 百万円/年
- ・管理家賃月額：46,000 千円÷12 ヶ月＝3,833 千円/月
  坪月当たりの単価・・・・・・・・・・3,833 円/坪月

6．事例 1：設備投資をして生産性を上げる

（1）事例 1 の仮説

設備投資は、品質や生産性を上げるために行います。事例では、庫内作業の生産性を 28．5％上げて、庫内作業費を 57 百万円下げます。そのために、設備投資を 4 億円行い、7 年間で減価償却すると、設備の減価償却費は 57 百万円と設定しています。現行との比較では、費用合計は 648 百万円になり、±0 です。

<表5-11．投資による物流費科目別増減の事例 1 ＞

勘定科目		現行の物流費 （百万円）	設備投資後の 物流費（百万円）	増減 （百万円）
固定費	設備費	91	148	＋57
	家賃	126	126	
	社員人件費	31	31	
	計	248	305	
変動費	庫内作業費	200	143	−57
	配送費	200	200	
	計	400	343	
合計		648	648	±0

173

第5章　卸売業の物流

（2）事例1における投資効果

　投資効果をＥＶＡ（economic value added 経済付加価値）で評価するとどうなるでしょうか。資本コストを5％としますと、初年度20百万円（投資4億円×5％）発生しますので、初年度のＥＶＡは、20百万円の赤字になります。

　事例の案件では、①過大投資なのか、②別のやり方で生産性を上げる方法はないのかを検討することになります。

<表5-12. 投資をＥＶＡによって再評価>

EVA計算勘定科目		計算式	項目	1年目 （百万円）	2年目 （百万円）	(3〜7年は略)	合計 （百万円）
減少費用	庫内費削減効果費用		A	57	57		400
	計	C＝A	C	57	57		400
増加費用	減価償却費		D	57	57		400
	計	F＝D	F	57	57		400
営業利益の増加		G＝C−F	G	0	0		0
税金（実効税率42％とする）		H＝G×42%	H	0	0		0
税引き後営業利益の増加		I＝G−H	I	0	0		0
投下資本	設備		K	400	343		1602
	計	M＝K	M	400	343		1602
資本コスト（5％）の増加		N＝M×5%	N	20	17		80
EVAの増加		O＝I−N	O	△20	△17		△80

7．事例2：在庫型物流センターを立ち上げる

（1）事例2の仮説

①在庫型物流センターの規模

　　年間通過金額：100億円

　　年間通過口数：ケース数 <u>1,400 千ケース</u>

　　　　　　　　　　（1,400 千ケース×15 ピース/ケース＝21 百万ピース）

　　　　　　　オリコン数 <u>600 千オリコン</u>

　　　　　　　　　　（600 千オリコン×30 ピース/オリコン＝18 百万ピース）

　　　　　　　口数 <u>2,000 千口</u>　（2,000 千口×19.5 ピース/口＝39 百万ピース）

　　1日当り平均通過金額：32 百万円/日（100 億円/年÷312 日）

174

　　　　　　　　　　　　　　　　　　　　　　　第3節　物流投資と採算

　　1日当り平均通過口数：6,410口/日（2,000千口/年÷312日）
　　1口当り平均金額：5,000円/口（年間通過金額100億円÷年間通過口数2,000
　　　　　　　千口）
　　　1ピース当り平均単価：256円/P（年間通過金額100億円÷39百万ピース）
②固定費関連
　　設備投資等：3億円（7年間償却として、減価償却費43百万円）
　　倉庫（2000坪）：賃借108百万円/年（4500円/坪月×2000坪×12か月）
　　社員：センター長含めて6名
③運営経費
　　庫内作業費：ケース出荷（作業費@65円/ケース）、ピース出荷（@3.7円/ピース）
　　庫内管理費：　@10円
　　配送費：　個建@70円

（2）事例2における収支とEVA

　事例2では、収支上は初年度に営業利益が30百万円出ており、EVA評価は
2百万円と黒字になっていますので、投資をしても大丈夫でしょう（次頁）。

175

第5章　卸売業の物流

<表5-13. 事例2における収支とEVA>

勘定科目			計上基準	金額（百万円）
収入			通過金額100億円×収入手数料5.3%	530
費用	固定費	設備費	設備償却費（7年償却）、保守料	43
		システム費	システム機器償却費（7年償却）、保守料、	
		家賃	@4500円/坪月×2000坪×12ヶ月	108
		社員人件費	センター長、社員5人	31
		計		182
	変動費	庫内作業費	ケース：@65円/ケース×1400千ケース＝91百万円 ピース：@3.7円/ピース×18百万ピース＝67百万円	158
		庫内管理費	事務費、消耗品費、光熱費等	20
		配送費	@10円×配送口数2百万口 @70円×配送口数2百万口	140
		計		318
	合計			500
営業利益	（営業利益率5.7%）			30

EVA計算勘定科目		計算式	項目	1年目（百万円）	2年目（百万円）	(3～7年は略)	合計（百万円）
営業利益の増加		G=C－F	G	30	30		210
税金（実効税率42%）		H=G×42%	H	13	13		88
税引き後営業利益の増加		I=G－H	I	17	17		122
投下資本	設備		K	300	257		1197
	計	M=K	M	300	257		1197
資本コスト（5%）の増加		N=M×5%	N	15	13		60
EVAの増加		O＝I－N	O	2	4		62

176

第4節 物流情報システム

1. 情報システムの構築

1) 物流情報システムの体系
物流戦略の基に、物流情報システムは構築されます。

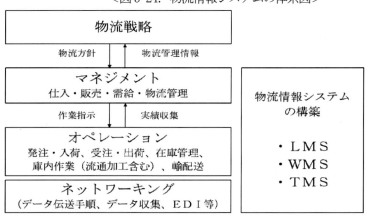

＜図5-24. 物流情報システムの体系図＞

2) 物流情報システムの構築範囲は3つ
① **LMS**：ロジスティクス・マネジメント・システム
　　　　受発注システム、需要予測、シミュレーション等が主要機能です。
　　　　WMSやTMSに対して司令塔的な役割です。
　　　　主に基幹系サーバーで行います。
② **WMS**：ウエアハウス・マネジメント・システム
　　　　物流センター全体の運営管理をシステムとして支援します。
　　　　ピッキング、在庫管理、ロケーション管理等です。
　　　　主に物流サーバー系で行います。
③ **TMS**：輸配送マネジメント・システム
　　　　積み付け計画、配送スケジューリング・ルート計画、トラック位置情

第 5 章　卸売業の物流

報システム、貨物追跡、配送費、配送実績分析等の機能です。
主に物流系サーバーで行います。

２．物量予測と作業計画システム

１）物量波動を計画による対応

　物流の生産性課題として、**物量の波動**があります。明日行う作業量が、当日
朝、受注して始めてわかります。このために、庫内作業や配送に関わる人員や車
を、ピークを想定して、用意しがちですので、物流費はピークに合わせて固定費
化されがちです。物量が多い時には作業の生産性があがり、物量が少ない時には
作業の生産性が下がるのは、人や車が一定数投入されている証です。

（第 5 章第 1 節「(4)物量波動」149 頁参照）

　この課題を克服するためには、「**物量予測と作業計画化**」があります。「成り
行き管理」から「**計画管理**」にしていきます。

２）作業計画に関わる物量の予測とシステム化

　①物量予測システムによる計画物量の算出

　　小売業からの受注データに関しては、**再現性**（周期性と振幅性）がある
　　ことから、予測するシステムを作ることが可能です。

　②作業工程の組み立て

　③作業工程別標準人時生産性の設定

　④出荷起動計画（作業バッチ計画）システム

　⑤計画物量に応じた投入する作業人時や配送台数の算出システム

　⑥日次・月次勤務計画システム

第4節　物流情報システム

⑦計画と実績の対比システム

3）出荷起動計画（作業バッチ計画）システム

　当日出荷する作業順番を出荷起動計画システムで決めます。当日の時間帯別に受注される量を見ながら、作業順番を修正します。

　出荷起動は、

　A. 納品先への納品指定時刻、それに伴う庫内作業時間、納品先の納品時刻をグループ化します。

　B. 当日の物量（波動状況）、商品構成（ケースとピースの割合）、設備能力と作業要員（個人別作業生産性はバラついています。かつ出欠状況を加味します）等の要素があります。

　作業は、多くはケース・ピース比率と、作業者の個人別生産性に左右されますまた、物量と設備能力の最大値との関係によります。小売業の専用ラベルや専用伝票の貼付作業に左右されることがあります。

　これらの組み合わせを出荷起動の都度、各々の要素を最適化できるシミュレーションをすることです。出荷起動の組み方により庫内作業費は大きく変わる可能性があります。この組み合わせは、いろいろなパターンが考えられ、最適化には出荷起動時の作業バッチの組み合わせに慣れないと手間取るでしょう。

　「ベテランの知恵」になっている複雑な要素を、ＡＩ（artificial intelligence）で行うようにすることが考えられます。ＡＩの現在の技術レベルでも、可能です。

注. 物量の予測等の詳細は『製配販サプライチェーンにおける物流革新』第4章、

　　『物流エンジニアリングの温故知新』第3章第2節を参照ください。

第5章　卸売業の物流

4）物流で予測が大事な理由

　生産と物流の違いを一覧にしておきます。生産がモノを作る機能に対して、物流はモノを動かす機能です。この点が、両者の機能を違えていくことになります（表5-12）。生産との違いを見ても、モノを動かす機能として物流が主体的に作業を行うには、予測が鍵になります。

<表5-14. 生産と物流の違い>

生産	物流
モノを作る機能 ・1品種を連続して作る。 ・原材料から製品を作り、パレタイズしていく。 （原材料→製品→ケース→パレット）	**モノを動かす機能** ・多品種を同時に動かす。 　"何を・いくつ・どこから・どこへ"を即時に制御する。 ・デパレタイズしていく。 　（パレット→ケース→ピース）
製品毎・部品毎の生産所要量や要員数を、事前に計画できる。生産量の平準化が可能。	顧客の発注に対応してモノを動かす。発注は波動するので、コスト・コントロールは予測技術による。
仕事を主導できる 制約条件を主導で解決できる。	仕事が受動的 制約条件解消が単独部門だけでは難しいことが多い。

3．EDI／ネットワークと業務の標準化

1）電子化されたデータ

　電子化されたデータは、業務の**精度**と**速度**を上げます。欧米では、得意先からの受注から入金までのプロセスが、電子化されたデータにより、効率的かつタイムリーに実施できています。グローバルレベルで実施できている為、グローバルに展開されるサプライチェーンが効率化され、各国で発生するイレギュラー時の対応も早くできています。

180

第4節　物流情報システム

<図5-25. 欧米のサプライチェーンでのEDIの流れイメージ図>

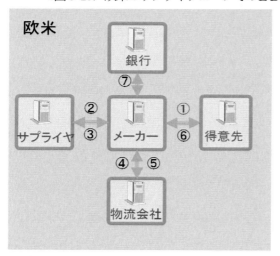

サプライチェーンでのEDIの流れ（EDI: electronic data interchange）
　①得意先から受注
　②サプライヤーに発注
　③サプライヤーから納期回答、出荷
　④物流会社に入荷、出荷予定連絡
　⑤物流会社から入荷、出荷実績連絡
　⑥得意先に納品、請求
　⑦銀行から入金（受注に紐づいているので自動消込可能）

2）ネットワーク（プロトコル、フォーマット）

　日本では、業界毎にプロトコル、フォーマットがばらばらな為、荷主毎に個別開発しています。EDIに対する工数、コストが高く、EDI化率は低い。
　欧米では、業界問わず、プロトコルはFTP系とOTP2、AS2に、フォーマットは、EDIFACT, ASNIに集約されています。荷主毎に個別開発する割合が低く、大手企業を中心に物流会社とのEDI化率が高いといわれています。

第5章　卸売業の物流

<図5-26. 日本と欧米のネットワークの違い>

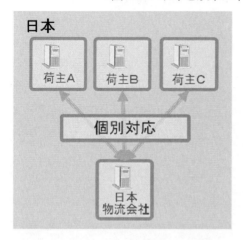

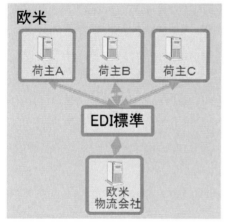

参考：GXS（株）岸氏

第5節　在庫管理の考え方と在庫的適正化の方法

1．サプライチェーンと在庫

1）SCMの目的は在庫適正化とローコスト化

　サプライチェーン・マネジメント（SCM）は、サプライチェーン全体の市場動向（需要量）と供給活動（供給量）のムダを排除して、サプライチェーン上の**在庫量の最適化**を図り、**ローコスト化**する考え方をいいます。

　参考までに、ドラッグストアを中心にした日用品業界の製配販の流通在庫日数を挙げると、下図のような状態です。

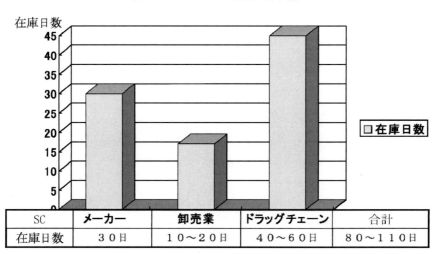

＜図5-27．ＳＣ上の流通在庫日数＞

注：ドラッグチェーン別在庫日数 CFS1.3ヶ月、クリエイト SD1.4ヶ月、マツモトキヨシ1.9ヶ月、スギ薬局2.0ヶ月 各社有価証券報告書により算出。

2）供給活動と需給活動のギャップ

　現在のサプライチェーンは、企業間の**受発注**と**納品**の2機能で連結されています。このために、企業間の供給量と需要量にギャップが生じることになります。なぜ、供給量と需要量のギャップが起きるのでしょうか。

第5章　卸売業の物流

　一つは、企業間では商品別販売動向を知る仕組みがなく、発注する量が市場における販売動向をベースにしたものにはなりにくくなっています。

　二つ目は、「売れ残ったら返品すればよい」という商習慣がベースにあります。この結果、実際の需要よりも大きい発注がサプライチェーン上の企業にかかるという事態が発生しています。

　供給量と需要量のギャップは、**在庫過剰と欠品**という二つの現象を生みます。
①供給量＞需要量の時に、在庫過剰になります。したがって、
　　・投下資本（在庫）の固定化
　　・廃棄処分損の発生
　　・保管スペースの増大
　　・返品の発生等を生みます。
②供給量＜需要量の時に、欠品になります。したがって、
　　・販売ロスによる売上の減少
　　・欠品対応業務の発生になります。

3）"在庫量"の適正化を図るには

①"在庫量"を市場動向（需要量）に**同期化**することです。その為には、サプライチェーンに係わる企業の**情報の共有**がベースになります。

②製・配・販は、在庫機能の転嫁（所有権の移転）から、情報による「サプライチェーン全体の協同関係」になることが求められます。

③各企業が共有すべき情報とは、
　　・単品別出荷量情報・・・何がいくつ売れたという情報
　　・単品別在庫量情報・・・販売したものが在庫としていくつ残っているか、
　　・適正な在庫量として「**あと何日分の出荷に対応できるか**」という情報です。
　その基になるのは、小売業の「POS情報」と「店頭在庫量」です。

④製配販が共同して在庫適正化を図るには、1998年に提起されていた**ＣＰＦＲ**（collaborative planning forecasting replenishment）を再度取り上げることでしょう。製配販が共同して、販売計画を立案し、需要予測を調整し、商品補充を行うことでしょう。「あと何日分の出荷に対応できるか」という需要予測を試みることになります。いくつくらい売れるのかその範囲を予測すること

184

です。予測のためには、小売業店舗における売上要因（各種コーザルデータ）を多変量時系列分析してみることです。その上で単品毎に**基準在庫**を算出します。

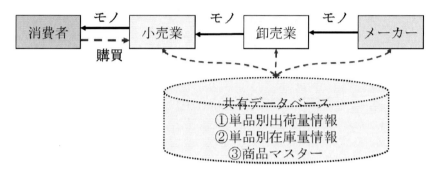

＜図5-28. サプライチェーンのモデル図＞

2. 在庫管理をめぐる諸問題

1）代理店制度

メーカーは、代理店制度（特約店制度）という流通チャネルを形成しました。このために、小売業に自社製品を販売することを、卸売業に託しました。

①卸売業を介した商取引（一次卸、二次卸等）のため、物流は多段階化です。

②卸売業が在庫拠点になりますので、在庫は分散化し、市場の実需とは必ずしもマッチしていません。在庫は偏在化しがちです。

③メーカーと卸売業は、小売業の商品別販売動向を十分に見られません。
受発注量が、市場の販売動向をベースにしたものにはなっていません。

④大量に製品を販売し、売れ残れば返品しても良い、という風土があります。

　この結果、実際の需要よりも大きい発注が、サプライチェーン上の企業にかかると言う事態が発生します（鞭打ち効果[1]）。

注1）鞭打ち効果（bullwhip effect）は、消費者購入数の振れがサプライチェーンをさかのぼって増大していくことをいいます（図5-29次頁参照）。

第5章　卸売業の物流

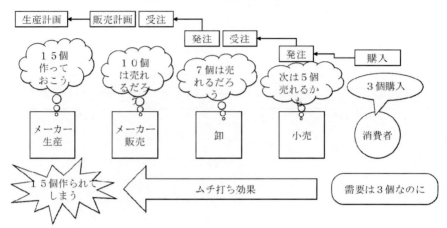

<図5-29. 鞭打ち効果の概念図>

出所『ロジスティクス工学』久保幹雄著朝倉書店2001年6月20日初版
　　『最新在庫管理基本と仕組みがよ～くわかる本』湯浅他著秀和システム2006年12月

2）卸売業の在庫管理
（1）在庫は3区分
　　①**通常在庫**は、商品が小売業の定番商品であり、ほぼ自動発注する商品です
　　②**不要在庫**は、企画・特売残在庫とメーカー廃番品、不動品、返品在庫に
　　　見られます。
　　　・企画・特売残在庫は、販売部門が発注した未消化在庫です。
　　　・メーカー廃番品、不動品、返品在庫の発生は販売部門に起因します。
　　③**メーカー依頼仕入庫**は、商品部門が稟議し承認されたメーカーの先取り
　　　在庫です。

（2）在庫管理エリアは2エリア
　　①**通常在庫エリア**
　　②**小売業企業別に在庫**している商品があり、過剰在庫の温床になります。

第5節　在庫管理の考え方と在庫的適正化の方法

（3）在庫適正化に向けての方策

①基本事項

A. 在庫は商品毎に在庫になる背景が違いますので、商品単品毎に在庫状況を確認することから始めます。

B. 商品別在庫数量を、リアルタイムで全部門に提供します。これによって現時点のアイテム別在庫量が確認できます。

誰が責任をもって処理（販売等）をするかにあります。

C. 企画・特売は、確定数をメーカーに発注することを基本とします。

D. 企画・特売の数量は、確定していないことが多く発生します。小売業の多くは店別発注のために、本部で企画・特売の発注量を確定しないためです。したがって、卸売業の営業担当は、企画・特売の販売数を予測することになります。

企画・特売の予測時に、初回発注量とリピート発注量を区別して予測すると、精度が高くなります。

また、発注予測数量を、過去実績を確認し受注実績履歴と企画・特売の発注履歴を参照して予測します。

競合店の販売施策（売価や企画・特売等）がわかると、さらに予測しやすくなります。

E. 企画・特売の販売残については、小売企業別・物流センター別在庫量を販売部門に配信し、在庫消化促進を図ります。

②廃番品・返品・微動品・不動品の在庫対応

A. メーカー廃番品と小売業返品在庫の処理基準と責任部門を明確にします

廃番品は、廃番日1ヶ月前に発注点を0に変更して、出荷しないようにします。

B. 微動品在庫（ある期間出荷量が一定以下の商品）はカットします。

C. 不動品は、不動品になった時点で在庫設定値を0にします。このために、メーカーに対する発注勧告が出ないようにします。例えば、在庫ロケーションよりカットし、すべて返品区に移動します。

第5章　卸売業の物流

3）部門間トレードオフ
（1）在庫のKPI
　　企業内において、生産・販売・物流の3部門は、在庫のKPI（key performance indicator）を異にし、トレードオフの関係にあります。各部門の部分最適が積み重なって、会社全体の在庫が膨らみます。
- A. 生産部門は、生産ラインの稼働率を最重視します。実需を反映した生産品目を柔軟に変更することには抵抗します。
　　KPI：生産ラインの稼働率
- B. 販売部門は、売上を最重視しますので、欠品を恐れて、過剰に生産や在庫を依頼する傾向にあります。
　　KPI：売上高
- C. 物流部門は、物流費を下げるために大量には運ぼうとします。
　　KPI：物流費

（2）在庫削減を実行可能にしていくには、
　　全部門が在庫情報を可視化でき、共有できるようにすることです。
　例として、3部門の在庫量、生産量、売上量を1つに集約し、画面表示できるようにします。各部門が活動結果とお互いの活動が他部門へどのような影響があるかをみられるようにします。在庫・生産・売上の関係がわかるようにすることによって、3部門の連携がやりやすくなります。

3. サプライチェーンの在庫適正化

　サプライチェーン・マネジメント（SCM）の主体を担うのは誰かが適切なのでしょうか。
①卸売業は、製配販に亘るサプライチェーンの担い手になりえます
　　卸売業は、ＳＣＭを担う経営資源を持っている点で、ＳＣＭに適しています。
　　即ち、小売業のカテゴリー単位の品揃えができる点です。
　　　　　　卸売業の在庫アイテム数＞店頭アイテム数
②卸売業が、サプライチェーンの担い手として、小売業のPOS情報及び在庫量情報を把握できますと、小売業からの発注を受けずに、卸売業の判断で必要在庫を送り込む構造ができます。発注という活動は必要なくなります。

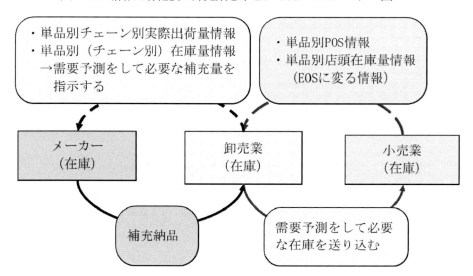

＜図5-30．情報共有化後の卸売業を中心にしたＳＣＭのモデル図＞

第5章　卸売業の物流

第6節　オムニチャネル化への物流システム

1．オムニチャネル[1] の課題

　商品と消費者が出会う「瞬間」と「場所」が変わってきています。消費者は、
"小売店の売場"を主たる買い場としながらも、"ネットビジネス"で、直接、
商品を手に入れる機会が増加しています。

<図5-31．ネットビジネスと消費者の関係>

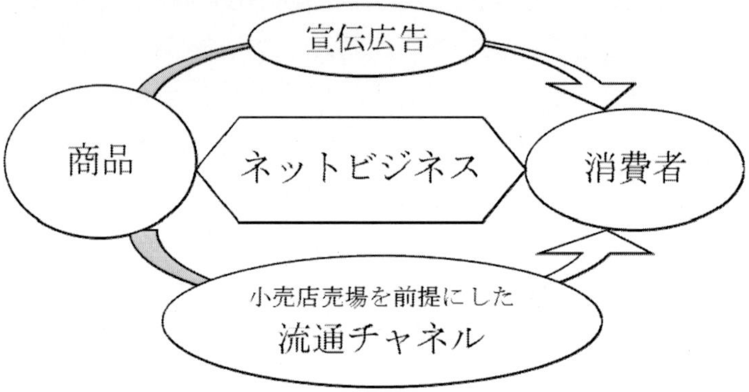

2．オムニチャネルへの道

　消費者は、全てのメディアや通信販売による情報と、あらゆるチャネルを
その時々で選択できます。消費者は、いつでも、どこでも買い物ができます。
そして、好きな時に好きな場所で、受け取ったり、届けてもらったりできます。
オムニチャネルは、消費者のチャネルプラットホームになりえます。
顧客接点と小売業態の対応をみますと、シングルチャネルに始まり、マルチチャ
ネル、クロスチャネルへと変化し、オムニチャネル化していることがわかります。

注1）「オムニ」は、ラテン語 omne で、あらゆるものを意味します。

190

第6節　オムニチャネル化への物流システム

<図5-32.　オムニチャネルへの道>

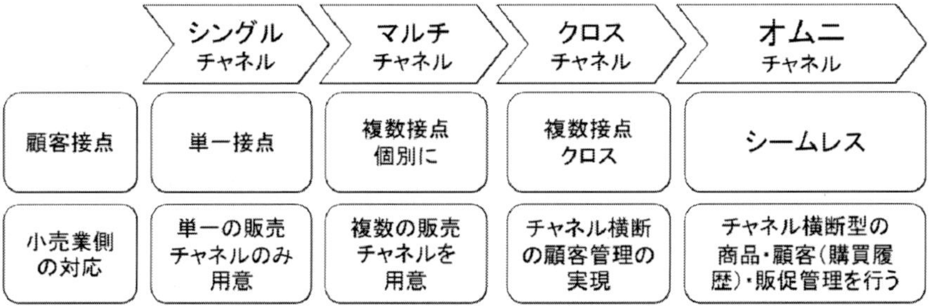

シングル チャネル	マルチ チャネル	クロス チャネル	オムニ チャネル
顧客接点	**小売業側 の対応**		
単一接点	単一の販売 チャネルのみ 用意		
複数接点 個別に	複数の販売 チャネルを 用意		
複数接点 クロス	チャネル横断 の顧客管理の 実現		
シームレス	チャネル横断型の 商品・顧客（購買履 歴）・販促管理を行う		

出所：「2015年版物流・情報機器システム総合カタログ集」「オムニチャネルの本質は「顧客志向」」を編集
元出典：NRF Mobile Retail INITIATIVE「Mobile Retailing Blueprint V2.0.0」

3．卸売業のオムニチャネル化への物流構築課題

　卸売業は、品揃え、物流、情報システムに基本的な能力があります。オムニチャネル化していくには、**店舗物流**の他に、**消費者（通販）物流**の構築が求められます。

（1）卸売業の物流構築課題

①マーケティングと物流の同期化の構築を図ることです。

②情報システム構築

　　・リアルタイム在庫管理の構築を図ることです。

③幅広い品揃えと在庫アイテムの拡大

　　・現状の事業のドメイン以外の品揃えの取り組み拡大が必要です。

　　・アイテムが急増することに対する保管と出荷の新技術開発が必要です。

④店舗物流システム＋通販物流システムの構築

　　物流の対象業務範囲が広がります。

　　・宅配業者依存からの脱却し、戸配能力を構築することです。

　　・代金回収システムの構築を図ることです。

191

第5章　卸売業の物流

（2）マーケティングと物流の同期化

　通販でマーケティング施策を打つことは、瞬時に、販売・出荷することになり、マーケティングと物流の**同期化**を構築することです。この点が、従来からの流通チャネルを前提にしたマーケティングと違う点です。即ち、従来の店頭を中心にしたマーケティングは、「**製・配・販の時間差**」が随分とあります。通販等のネットビジネスでは、その時間差がなくなります。

　顧客への持続的な満足を醸成するには、機敏なレスポンスが必要です。商品企画・開発段階から調達、生産、メディアというマーケティング機能と、フルフィルメント機能が、一体化すること、即ち、両者の同期化が必須になります。

　大事なことは、**在庫をリアルタイムで対応**できるようになることです。

<図5-33. 商品企画からアフターサービスまでのフロー>

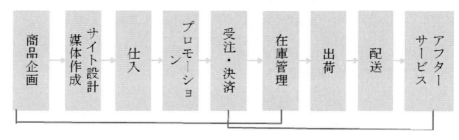

　　　　マーケティング　　　　　　フルフィルメント

　　　・商品企画、　　　　　　　・物流
　　　・商品開発、　　　　　　　　－入荷・検品、商品保管、
　　　・メディア対応、　　　　　　－在庫管理（リアルタイム）
　　　・販促　　　　　　　　　　　－注文受付・発伝、ピッキング、梱包、
　　　・商品検索　　　　　　　　　－発送・納品
　　　　　　　　　　　　　　　　　－返品
　　　　　　　　　　　　　　　・代金決済
　　　　　　　　　　　　　　　・顧客の問合せ応対、・苦情処理

第6節　オムニチャネル化への物流システム

（3）物流費を削減できる仕組みの開発

①ピッキング

　ピッキングの生産性向上は、ピッキングの作業時間を短くし、人数を少なくするか無人化することです。ピッキング作業を分解すると、3つの作業に分けられます。即ち、準備や後処理等の作業、ピッキング作業、ピッキング間口への移動作業です。「ピッキング作業時間＝準備等時間＋ピッキング時間＋移動時間」

A．ピースの保管棚を移動するシステム

　　移動時間を省力化する設備です。生産性は、ほぼ倍になると思われます。

　　例：アマゾン社ＫＩＶＡシステム、日立製作所Ｒａｃｒｅｗ等で開発されています。

B．ピースピッキング自動化ロボット

　　ピースピッキング作業そのものを自動化する設備を想定しています。ピース単位に見ますと、さまざま荷姿・形状があり、自動化のレベルは高いものが要求されます。

C．補充ロボット

　　ケース保管からピース保管へ補充する時のロボットです。ピース自動化の前提です。

D．ケースの積み付け・積み降ろしロボット

　　ケースの容積・重量の認識と積む順番をどのように制御するかが課題です。参考までにいえば、オリコンの積み付けロボットは普及済です。

②配送システムの開発

A．トラック運転自動化や、複数トレーラー編成運転の自動化

　　高速道路や幹線道では近い将来可能性が大きいと考えています。

B．物流センターから顧客（消費者）までのラスト・ワン・マイル構築

　　・戸別納品ルートの最適化

第 5 章　卸売業の物流

・留守宅受け取りの仕組み：一部マンションでは採用されてきています。

・小売店や駅での受け取り：一部企業では採用されています。

・無人航空機（ドローン）：千葉市が国家戦略特区に指定された利点を生か
して、ドローンシティ構想を進めています。及び一部企業が、実証実験を
2016 年に開始しています。

第1節　人口構造の変化と労働力不足

第5章補論「物流における労働力問題と卸売業をモデルにした物流生産性向上に関して」

本稿は、日本卸売学会第一回研究例会（2016/3/12）で筆者が発表した内容を基に、加筆修正して作成しております。

第1節　人口構造の変化と労働力不足

1．日本の生産人口

日本の生産人口は、構造的に減少していくと、予測されています（データは、第2章「表2-1」23頁参照）。

2045年には、1億人程度、2050年には1億人を割る見通しです。

2050年には、総人口の約40%が65歳以上になる見通しです（シルバーマーケット拡大）。

2050年の生産年齢人口は、2010年比3100万人減少する見通しです。

2．物流業界・物流部門の位置づけと労働力

1）物流業界は、産業界の中で比較的高い位置づけ

物流は、国民生活や産業活動を支える重要な社会インフラであり、社会基盤です。物流は、日本のGDPの約5%に相当します。運輸産業全体の年間売上高は、33兆円です。内訳は、物流分野23兆円、及び旅客分野10兆円となっています。

労働就業者数は、約316万人です。内訳は、物流分野約166万人、及び旅客分野約150万人となっています。

2）物流特有の問題

①低賃金が、今日のトラック運転手不足を招いています。

中小型トラック運転手の年間所得額約385万円、全産業平均約469万円との

第５章補論「物流における労働力問題と卸売業をモデルにした物流生産性向上に関して」

比較で△84万円低い状態です。（賃金：厚生労働省「賃金構造基本統計調査」）

②非効率な手荷役作業が、多く見られます。

　企業間のモノの受け渡し・受け取りを中心に、バラ積み込み・積み卸しの手荷役が見られます。労働人口が減少する中で、物流の効率化や省力化に取り組まざるを得ません。

③不規則な労働時間になっています。

④不要な拘束時間が長く、長時間労働です（表6-1、表6-2）。

⑤３Ｋ（危険、汚い、きつい）業界のイメージが、一般に浸透しています。安全性の確保が求められます。

　不規則な労働時間の例として、ＪＲコンテナの集配作業において、手待ち時間があるケースとないケースを比較したものを挙げておきます。

＜表6-1. 通運業界の手待ち・荷役時間の実態／１日の拘束時間とその内訳＞

業務内容	点呼	運転	駅荷役	手待ち	荷役	付帯	休憩	不明	平均拘束時間	運行数
全体平均値	0:34	4:07	0:52	0:31	2:27	0:24	1:00	0:07	10:07	784
手待ち時間がある運行の平均値	0:33	4:02	0:52	1:01	2:21	0:18	1:02	0:05	10:20	396
手待ち時間がない運行の平均値	0:35	4:13	0:51	-	2:34	0:31	1:01	0:08	9:53	388

出所「JR コンテナの集配作業の効率化に向けた実態調査結果」日通総研全国通運連盟シンポジウム発表H27年10月8日

　また、中央物産㈱が小売業Ｋ社物流センター２箇所（第１センター、第２センター）に167回（運行）納品した時の事例です。待機時間はセンター到着から納品開始までの時間です。１時間を超える待機は、４８％になっています。

＜表6-2. 卸売業から小売業Ｋ社への納品時待機時間調査＞

納品時の待機時間	運行数計	第1センター計	月	火	水	木	金	土	第2センター計	月	火	水	木	金	土	計	構成比
待機無し	33	17	0	3	3	2	5	4	16	1	0	6	4	3	2	33	19.8%
1時間以内	54	33	0	8	6	4	3	12	21	1	5	2	4	5	4	54	32.3%
1～2時間	28	17	0	5	2	4	1	5	11	1	2	0	3	1	4	28	16.8%
2～3時間	20	12	1	1	0	1	2	7	8	0	0	1	1	0	6	20	12.0%
3～4時間	10	4	0	0	0	0	0	4	6	0	1	0	0	0	5	10	6.0%
4～5時間	9	5	0	0	0	2	0	3	4	0	0	0	0	0	4	9	5.4%
5時間超	13	10	0	0	0	0	0	10	3	0	0	0	0	0	3	13	7.8%
合　　計	167	98	1	17	11	13	11	45	69	3	8	9	12	9	28	167	100.0%

出所：中央物産㈱物流本部調査（期間 2012年2月～4月の3カ月間）。

3）労働集約産業である物流業への労働不足の影響

　生産年齢人口が減少していく中で、どの産業も多かれ少なかれ労働不足になっていきます。中でも、労働集約産業である物流業および企業内物流部門は、生産人口減少の影響は大きく、庫内作業や輸配送業務は、生産人口減少の影響を受けます。トラックドライバーの需給予測では、10万人前後の不足が見込まれています（表6-3）。

<表6-3. トラックドライバー需給の将来予測>

	2010年度	2020年度	2030年度
需要量	994千人	1,030千人	958千人
供給量	965千人	924千人	872千人
過不足	△29千人	△106千人	△86千人

出所（公社）鉄道貨物協会「平成25年度本部委員会報告書」平成26年5月。実質GDP 2011～2020年度において1.0%、2021～2030年度において0.7%と想定。

　本稿では、生産人口が減少する中で、物流業界をめぐる労働力とその生産性、及び、技術革新について考察します。

第2節　日米の生産性比較から見た労働力

1. 日本の非製造業のGDP比率は高く、生産性[1]は低い

　国内において、非製造業のGDPに占める割合は上昇傾向にあり、平成24年時点で7割超となっています。平成25年度「通商白書」によれば、卸・小売業、運輸・倉庫業、及び飲食・宿泊業は、全産業に占める付加価値は高い割合になっています。しかしながら、米国と比較した生産性がとりわけ低くなっており、当該分野の生産性向上が課題とされています。

　注1）生産性の定義：生産性は、output（産出）／input（投入）の関係を表す指標として、利用されています。生産性を計測する指標には、「労働生産性」および「全要素生産性（TFP）」があります。一般に生産性とは、労働生産性を指すことが多く、労働者一

第5章補論「物流における労働力問題と卸売業をモデルにした物流生産性向上に関して」

人当たり、または労働時間当たりで生み出される成果を指標化したもので、以下の計算式
で表されます。

$$労働生産性＝\frac{output（付加価値 または 生産量など）}{input（労働投入量 [労働者数 または 労働者数×労働時間]）}$$

2．「運輸・倉庫業」に関する日米労働生産性比較

　運輸・倉庫業の労働生産性の対米比率は、購買力平価ベース[2]で、6割前後で
す。運輸・倉庫業の労働生産性が米国に比し低い要因は、総人口を基準としてみ
た場合、労働投入量の多さによるものと考えられます。労働投入量は、労働者数
と労働時間の積です。

労働投入量が多い要因は、次の通りです。
①労働時間（年間）では、日本の方が5％程度上回っていますが、大幅な差が
　あるわけではありません。
②労働者数が主に起因しています。当該数値の対米比率は5割前後となっており、
　これが労働生産性を低迷させている要因になっています。労働投入量の比率を
　運輸・倉庫業の中の細分類でみますと、一般貨物自動車運送業（トラック運送
　業）が対米比率43.3％です。
③労働者数が多いのは、日本の事業所が零細で数が多いためと考えられます。
　1事業所あたりのGDPで見ると、米国が219百万円ですが、日本は173百万
　円と8割弱の水準になっています。

注2）労働生産性の国際間比較では、各国毎の為替の影響がありますので、通常、購買力
平価（Purchasing Power Parity）で行っています。
出所：㈱日本政策投資銀行「日本の非製造業の生産性低迷に関する一考察」

3．日本の米国対比の労働生産性が低い課題

①労働力投入の日米差は、両国の産業構造の違いによる要因を多く含んでいると考えられ、日本の産業構造の特徴を踏まえた検討が必要です。この点は、日米のトイレタリー業界の代表的なメーカーを比較して検証します。

②過多になっている労働力に対して、技術革新と効果的な資本投下により、労働投入量が補完されることが必要です。技術革新面では物流作業に関連した省力化・自動化について検討し、資本投下については設備投資とその効果を検討します。

第3節　日用品業界に見る製・配・販の生産性課題

1．花王とP＆Gの物流構造比較

1）日米の代表的なトイレタリーメーカーである花王とP＆Gを例に挙げて、米国と日本の物流構造の比較

　両社が、店舗に商品を届けている流通経路や物流経路に違いがあります（図6-1）。米国P＆Gは、小売業に対して一括大量輸送の物流です。日本花王は、小売業店舗へ多頻度小口配送、及び、小売業物流センターに総量、または店別仕分け後に納品しています。

第5章補論「物流における労働力問題と卸売業をモデルにした物流生産性向上に関して」

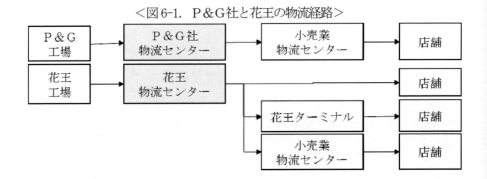

<図6-1. P&G社と花王の物流経路>

なお、日本のトイレタリーメーカーの物流経路は、「花王物流センター」を「卸売業」に置き換えてみることができます。

2）日米の物流構造の違いを、P&G社と花王にみる
①P&G社の物流センターは、パレットを主体とした運営です。

P&G社の物流検証は、同社の The Midwest Regional Distribution Center（ケンタッキー州）見学報告（1999年5月27日）をもとにしています。同センターの主要な仕様をあげておきます。

・平屋倉庫面積44.8万 Sq. Ft（200m×200m、延床面積12千坪）
・出荷エリア17州、半径1,000マイル（1,600km）
・受注後24時間以内に発送。
・保管1,000アイテム、保管量100万ケース、出荷量1,450万ケース/年。
・1日当たり出荷数6～8万ケース、出荷台数60～80台。
・作業員78人、3シフト体制。
・入出荷46台同時着床可、トレーラー置き場75台。

②花王は、小売店舗へのピース仕分けまでが出庫作業の範囲です。
③物流センターの小分け機能の有る無しが、設備の違いを生み、庫内運営費等の差をもたらしています（図6-2と表6-4参照）。

第3節　日用品業界に見る製・配・販の生産性課題

<図6-2. P&Gと花王の庫内作業フロー>

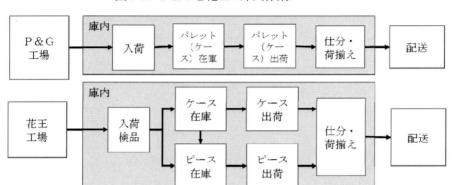

<表6-4. P&Gと花王の物流費比較（1ケース当たり物流費に換算）>

会社	設備等償却費	庫内運営費	輸配送費	計	比率
P&G	6円	18円	50円	74円	59
花王	30円	46円	50円	126円	100

注1．P&G社の推定物流費：建屋が平倉庫、設備はパレットラック保管、ハンドリングはフォーク荷役で行っており、コストは低廉です。The Midwest Regional Distribution Centerの見学データ及び、『P&Gに見るECR革命』山崎康治著ダイヤモンド社刊を参考にして、筆者が推定しています。
注2．花王は、1999年当時の筆者推定値です。

2．日米の取引条件の違い

　日米物流生産性の違いをもたらしているのは、受注単位の違いからです（第5章「表5-3」146頁参照）。その結果、ピッキング作業や配送の積載率に大きな影響をもたらし、コスト差を生んでいます。

第5章補論「物流における労働力問題と卸売業をモデルにした物流生産性向上に関して」

3．日本と欧米の価格比較

　日米間に取引条件の違いがあるのは、納入価格の考え方の違いから生じると考えています（第3章図3-3/58頁参照）。

　日本では、物流費が、納入側の納入価格に内包されています。したがって、物流費、販売費、センターフィー等のコスト内訳が、明らかではありません。この価格体系により、小売業は、店頭までのオペレーションの多くは納入価格に含まれていると考えており、卸売業の納品サービスに依存してきました。買い手側（小売業）は、納入側に高サービスを求めるために、物流費は高くなりがちです。

　欧米では、小売業が中間流通機能をもち、メーカーとの直接取引が基本になっています。流通機能が買い手（小売業）負担になります。

4．仕入れに伴う付帯費用の簿記・会計の見方

　日本における仕入れに伴う付帯費用は、伝統的な会計処理に委ねられています。その意味では、センター納品に伴う費用も、卸売業の納入価格に含まれると解釈されます。

①商品の仕入に伴って発生する引取運賃や運送保険料などの付帯費用（仕入諸掛）は商品の仕入原価に算入し、仕入勘定の借方に記入する。

　出所『簿記講義』服部俊治編著　同文館出版　昭和59年5月10日発行

②商品の売買に際しては、通常、関税・運賃・保険料などの諸付帯費用を負担しなければならない。この種の費用を仕入諸掛・販売諸掛という。　（略）

　仕入諸掛は、商品の仕入原価の一部を構成するものとして、商品自体の購入代価に加算して処理するか、それと同様な結果が得られるような処理をしなければならない。これは、収益・費用対応の原則を考慮しての処理である。即ち、仕入諸掛を仕入原価に含めれば、その仕入原価を当期売上原価と次期繰越商品原価に区分することを通じて、仕入諸掛のうち当期販売済商品に関連する部分のみが、

第3節　日用品業界に見る製・配・販の生産性課題

売上収益に対応するものとして費用計上されることになるからである。
出所『簿記詳論』安平昭二著　同文館出版　昭和55年6月20日発行

5．日用品業界の卸売業における生産性モデル試算

1）日用品サプライチェーンの範囲とモデルの設定

　日米のメーカーから小売業までの物流構造の違いが明らかになりましたので、この項では、日用品卸売業をモデルにして、庫内作業の生産性を具体的に検証してみます。日用品のサプライチェーンを図式化すると、次のような構造になっています。

<図6-3．日用品サプライチェーンのモデル図>

　サプライチェーンにおいて、卸売業の物流作業関連をモデル化して図示しています（図6-4）。このモデルに基づいて、以降の試算をしています。

<図6-4．サプライチェーンと卸売業の物流作業関連モデル図>

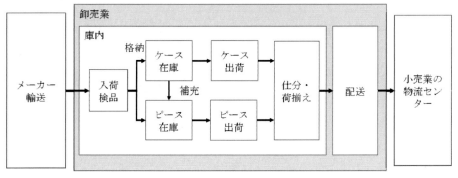

第5章補論「物流における労働力問題と卸売業をモデルにした物流生産性向上に関して」

2）卸売業物流センターモデルにおける生産性の試算

①モデル生産性の時間定義

　生産性を検討するにあたり、時間を定義しておきます。（　）内の時間は例示です。

　　拘束時間（9時間）＝就業時間（8時間）＋休憩（1時間）
　　就業時間（8時間）＝稼働時間（7.5時間）＋待機時間Ⅰ（0.5時間）
　　稼働時間（7.5時間）＝作業時間（6時間）＋待機時間Ⅱ（1.5時間）
　　作業時間（6時間）＝実際に作業に関わっている時間

<表6-5. 時間定義と原価分類工程>

時間定義				作業時間が計上される原価分類工程 （対象範囲：入出荷・配送）								
拘束時間9H	就業時間8H	稼働時間7.5H	作業時間6H	入荷	ケース出庫と補充出庫	ピース出庫	荷揃え	庫内事務	庫内管理	配送	その他輸送	配送管理
				待機Ⅱ作業間の手待ち、小休憩（稼働時間内））1.5H）								
		待機Ⅰ（ミーティング、研修、清掃等）（0.5H）										
	休憩（1H）											

②モデルにおける就業人時生産性の成り立ち

　就業人時生産性＝作業人時生産性×人の稼働率の成り立ちは、第5章第1節157頁を参照。

③卸売業物流センターにおける生産性の試算

　モデル（年出荷金額187億円想定）では、庫内作業と配送を1日当たりの作業量（物量）を入荷15,000ケース、保管300,000ケース、出荷10,000ロと設定しています。作業工程毎の就業人時生産性を設定して、1日当りの必要人時数を1,031人時と算出しています。必要人時数の人数内訳は、ケース系統作業に64人、ピース系統作業に64人、　配送台数13台の人員と車両が配置されることにな

204

ります。

＜表6-6．モデルの生産性と人時数＞

項目	庫内						配送	備考
	入荷・検品	格納	補充	ケース出荷	ピース出荷	仕分・荷揃え		
①物量（仮定）		15,000ケース	15,000ケース	10,000ケース	5,000ケース	200,000ピース	10,000口	10,000口	保管300,000ケース
②就業生産性		200c/h	150c/h	70c/h	120c/h	400p/h	150口/h	積載800口/台→大型13台	
③人時台時 ①÷②or④×⑤		75人時	100人時	143人時	42人時	500人時	67人時	104台時	1,031人時/日（927人時/日）
④人数、台数 40台着床	15人	14人	20人	6人	64人	9人	13台（13人）	141人（128人）
	ケース系統 64人（仕分・荷揃え含む）					－		
⑤就業時間		5.0時	7.2時	7.2時	7.0時	7.9時	7.5時	8.0時	就業8時間内

＜モデル設定時の仮設数値＞

注1．ケース入り数：20 ピース/ケース。

注2．ピースピンキング 200,000 ピース/日の補充量は、

　　　200,000 p÷20p/c＝10,000 ケース/日。

注3．オリコン入数：40 ピース/オリコンとして、

　　　ピース出荷 200,000p÷40p/オリコン＝5,000 オリコン/日。

注4．荷揃え数＝ケース数＋オリコン数ですので、

　　　輸配送する数量は、ケース数5,000c＋オリコン数5,000＝10,000 口/日。

注5．人時（MH）＝物量÷就業人時生産性、又は人時＝人数×就業時間

注6．ピッキング作業時間＝準備等時間[7]＋ピッキング時間[8]＋移動時間[9]

注7．準備等時間は、1回の作業に取り掛かる時間と作業終了時の固定時間（秒/回）

注8．ピッキング時間＝ピッキング秒数（秒/個）×個数

注9．移動時間＝移動秒数（秒/m）×｛往復の移動平均距離m＋商品間の移動平均距離m×（行数－1）｝

　　　ケースやピース保管間口間を人が移動する行為（移動時間）は、作業時間の約半分の時間を占めます。移動をムダ（余剰）とみるのかどうかです。本来はピッキングすることが目的ですから、それ以外の作業はムダになります。

注10．小売業物流センター13箇所に納品し、

　　　配送所要時間＝積込1時間＋往復4時間＋積み卸し2時間（待機時間含む）＋休憩1時間、計8時間とします。

注11．モデルの納品金額（年商）は、187億円/年（10千口/日×6千円/口× 312 日/年）です。

205

第５章補論「物流における労働力問題と卸売業をモデルにした物流生産性向上に関して」

第４節　企業と企業間の課題

1．卸売業の生産性モデルに関連する物流諸課題

物流諸課題には、①投入人時削減、②取引条件と情報化、③輸配送、④設備化の可能性、⑤ユニットロード、⑥事務、⑦マネジメントがあります。

<表6-7．卸売業の生産性モデルに関連した物流諸課題>

課題	庫内						配送（対小売業）
	（対メーカー）入荷・検品	格納	補充	ケース出荷	ピース出荷	仕分・荷揃え	
①投入人時削減	40台受入／200人時　15人	100人時　14人	143人時　20人	42人時　6人	500人時　64人	67人時　9人	104台時　13台出発（13人）
②取引条件と情報化	取引条件、EDI（流通BMS）によるデータ交換　配送シミュレーション、配送案内システムの検討						同左
③輸配送	待機時間が長い　　入荷口の着床台数、入荷検品の生産性、入荷口占有時間、　　積卸・入荷作業方法：手荷役（ケース卸・コンベア投入、かご車積み付け）、フォーク荷役　　実車・空車の片荷輸送						同左
④設備化の可能性	積卸・積込は手作業→設備化の検討　ケース系統／入庫・格納・保管・補充・出庫の自動化は可能　積み付けは手作業 設備化の検討			ピッキング手作業の課題　・作業時間の省力化　・自動ピッキングの検討			積卸・積込は入荷に同じ
⑤ユニットロード	コンテナのデバンニング　パレットの標準化と返却			小売業専用オリコン（小売業専用ラベル貼付含む）			パレットの標準化と返却カゴ車
⑥事務							小売業専用伝票
⑦マネジメント	物量予測と作業計画化						

2．企業間インフラ整備課題

（1）取引条件：②取引条件によって、生産性の違いが生じます（第３章参照）。

（2）標準化：⑤ユニットロード化

コンテナ、パレット、かご車、オリコン等の陸海空にわたる輸送容器の標準化が課題です。欧米・アジアとのグローバル対応や、設備自動化の諸前提になり、標準化の重要事項です。参考までに、（5）にコンテナとパレットのサイズを掲載しておきます。

（3）情報化：②ＥＤＩ（流通ＢＭＳ）のデータ交換、あるいは⑥事務は、欧米に比して、進んでいない分野です。

206

（4）共同化：③輸配送は、企業間で共同化を図ることです。

　以上の企業間にかかわる事項は、インフラ整備に関わり、整備されますと、コスト構造が劇的に変わります。企業間取引はグローバル化しておりますが、国内の製・配・販の関係は、取引条件を始め、旧来からのしがらみが強いところです。官官・官民・民民がどのように連携し、どのように変えていくかが課題です（第5章第1節161頁図5-21参照）。また、国内仕様で作られてきた設備をどうするのかが 課題になります。例えば、Ｔ１１（一貫輸送用木製平パレット）対応の自動倉庫やパレットラック等です。

（5）国際貨物コンテナ、ＪＲコンテナ、パレットの寸法規格

①国際貨物コンテナの寸法規格（ＩＳＯ）

<表6-8. 国際貨物コンテナ>

形式	外のり寸法 (mm)			最小内のり寸法 (mm)			最大総質量 (kg)	備考
	高さ	幅	長さ	高さ	幅	長さ		
１ＡＡＡ	2,896	2,438	12,192	2,566	2,330	11,998	30,480	ＪＩＳ
１ＡＡ	2,591	2,438	12,192	2,281	2,330	11,998	30,480	ＪＩＳ
１ＣＣ	2,591	2,438	6,058	2,281	2,330	5,867	24,000	ＪＩＳ
１Ｃ	2,591	2,438	6,058	2,134	2,330	5,867	24,000	ＪＩＳ

注．ＪＩＳから見て一部掲載

②ＪＲコンテナ（一般運用）寸法規格

<表6-9. ＪＲコンテナの寸法規格>

コンテナ形式	内法寸法 (mm)			内法寸法 (mm)		内法寸法 (mm)		内容積 (㎥)	荷重 (t)	扉位置			保有数
	高さ	幅	長さ	高さ	幅	高さ	幅			片妻	片側	両側	
１９Ｄ	2,252	2,275	3,647	—	—	2,187	3,635	18.7	5.0			○	32,456
１９Ｆ	2,232	2,325	3,586	2,200	2,315	2,200	3,523	18.6	5.0	○	○		2,693
１９Ｇ	2,232	2,325	3,587	2,158	2,307	2,187	3,525	18.6	5.0	○	○		14,815

注．ＪＲの他のコンテナには、一般運用コンテナとして、12フィート通風コンテナ。限定運用のコンテナとして、12フィート背高コンテナ、12フィート・コンテナ（荷崩れ防止装置付）、20フィート・コンテナ、31フィートウィング・コンテナがあります。（日本貨物鉄道㈱Ｈ27年4月1日現在）

第5章補論「物流における労働力問題と卸売業をモデルにした物流生産性向上に関して」

③世界主要国のパレット寸法規格

<表6-10. 主要国のパレット寸法>

国別／規格名	ISO	日本／JIS	韓国／KS	台湾／CNS	中国／GB	米国／ANSI
寸法	1100×1100 1067×1067 1140×1140 1200× 800 1200×1000 1219×1016	一貫輸送用 T11 1100×1100 1100× 800 1100× 900 1100×1100 1100×1300 1100×1400 1200× 800 1200×1000	一貫輸送用 T11 1100×1100 1100× 800 1100× 900 1100×1100 1100×1300 1100×1400 1200× 800 1200×1000	一貫輸送用 T11 1100×1100 1000×1200 1100× 800 1100× 900 1100×1100 1200×1400 1200× 800 1200×1000 1200×1400	800×1200 800×1600 1000×1200 1100×1100	1219×1981 1219×1219 1219×1067 1219×1016 1219× 914 1168×1168 1118×1118 1067×1067 1016×1016 914× 914 1194× 889 762× 762
種類	6	7	7	8	4	1 2
国別／規格名	独逸／DIN	英国／BS	スウェーデン／SIS	豪州／AS	旧ソ連／GOST	スイス／SNB
寸法	平パレット 600× 800 800×1200 1000×1200 ボックスパレット他 800×1200 800×1600 1000×1200 1000×1600 1000×2000 1200×1600 1200×1200	1200× 800 1200×1000 1140×1140 1219×1016	400× 500 600× 800 800×1200 1200×1600	1100×1100 1165×1165	800×1200 1200×1600 1200×1800 1000×1200	800×1200
種類	1 0	4	4	2	4	1

3．企業単独の課題

　企業単独では、物流諸課題の中で、次の点が対象になります。

①投入人時の削減（庫内作業の改善活動とともに、③、④、⑦と関連します。）

③輸配送、

④設備化の可能性（省力化・自動化）

⑦マネジメント（物量予測と作業計画化等）

　生産性向上を巡って、企業間及び企業単独とも、各種のアプローチがあります。

　本稿では、企業単独の経営判断で行える省力化・自動化の設備投資について検討します。労働力が減少していく中で、生産性を向上する省力化・自動化の設備投資を、企業自ら図るかどうかです。

4．企業における省力化・自動化の設備投資

208

1）庫内作業の省力化・自動化対象設備機器

<表6-11. 物流設備機器一覧>

設備機器			自動化状況	設備機器			自動化状況
保管	自動倉庫	パレット用（ビル式、ユニット式）バケット用（ユニット式）	○	搬送	コンベア	パレット搬送用ケース搬送用ハンガー式	△
	回転棚	回転棚（垂直式、水平式）	△	ピッキング		デジタルピッキング表示器ピッキング台車	課題
	移動棚	移動棚（電動式、手動式）	△	仕分機		仕分ソーター構成はインダクション部、ソータ本体、仕分けシュートの一式	○
	棚	重量棚中軽量棚流動棚	—	その他		積み付け・積み込みロボット、補充ロボット等	課題
搬送	パレタイザー、デパレタイザー		△	コンピュータ		ハード、ソフト（アプリ系、制御系）LMS、WMS、TMSIOTやAIの開発	課題
	台車	天井走行有軌道無軌道（無人搬送台車）	△	フォークリフト		バッテリー、エンジン	△
	垂直搬送機	パレット搬送用ケース・ピース搬送用	△	パレット		（サイズ T11等）（木製、プラスチック等）	—

出所：設備機器は、日本ロジスティクスシステム協会と日本物流システム機器協会の物流システム機器生産出荷統計に基づきます。一部の自動化等設備やソフト、フォークリフトとパレットは、筆者が追加記入しています。

第5章補論「物流における労働力問題と卸売業をモデルにした物流生産性向上に関して」

２）ピース自動ピッキングの現状

各メーカーが公表しているピース自動ピッキングに基づき、紹介文を掲載します。

（１）ＩＨＩ

自動ピースピッキングシステム／アイテマチック／小物商品のピッキング作業を完全自動。

多くの人手がかかる小物商品のピッキング作業を完全自動でピッキング。作業者は送られてくる商品をカートンに詰め替える作業だけなので、仕分けピッキング作業の能率が飛躍的に向上。

（２）ダイフク

①ピース自動ピッキングシステム／ＳＤＡ

自動ピッキング装置（ＳＤＡ）からピース単位に集品コンベアへ切り出し、出荷先ごとに出荷コンテナへ投入します。

１台当たり最大1,200オーダ／時間の処理能力、商品にやさしい切り出し方式を採用

②ピース自動ピッキングシステム／ロボットピッキング

コンテナからピース単位のロボット自動ピッキングを実現しました。ケースからピース単位で自動ピッキングします。

１台当たり最大900ピース／時間の処理能力、画像処理による荷位置検出、高速自動倉庫と組み合わせた完全自動化

（３）トーヨーカネツソリューションズ㈱

①Aフレーム自動ピッキングシステム

毎時1,200オーダ集品を実現した高速ピッキングシステム、高中頻度アイテムに対応

医薬品、化粧品、タバコ、ディスポーザルコンタクトレンズなど小物のアイテムを高速で自動ピッキングするシステム。

210

第4節　企業と企業間の課題

自動補充機、自動スタッカー、パッカーを付加することにより、補充、ピッキングから梱包まで一連の自動化も可能。

最大毎時1,800オーダのコンテナへの投入装置との組み合わせにより、世界最速のピッキングシステムの構築が可能（オプション）。

（4）フジテックス㈱

ピース自動ピッキング装置

自動ピッキング装置からピース単位に集品コンベアへ切り出し、出荷先ごとに出荷コンテナへ投入します。

1台当たり最大1,200オーダ／時間の処理能力、商品にやさしい切り出し方式を採用。

（注. ダイフク製ＳＤＡと同一の文言が書かれています。）

各社とも投資額はどの程度になるか不明です。モデルを使うか、実設計をしてみないと、わかりません。

注. メーカー別設備は、各社のホームページをネット検索しています（16/3/5現在）。

3）自動化設備の事例スタディ

（1）ケースの自動化設備

ケースの自動化設備は、花王では1984年に開発されて、今日まで稼働しています。投資額が過大でしたので、自動化に代わる設備（半自動化、非自動化）をその後開発し導入しています（図6-5）。自動化設備の中で、自動化ができていない工程は、ケースをパレットに積み付けるところです。

211

第5章補論「物流における労働力問題と卸売業をモデルにした物流生産性向上に関して」

<図6-5. ケース自動化等の設備と工程フロー>

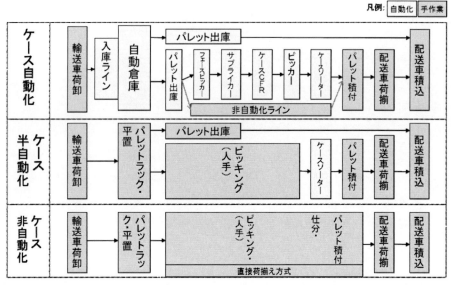

①ケース自動化設備は、1984年に花王泉北物流センターで初めて稼働しました。今日稼働している物流センターとしては、1986年川崎物流センターや、1987年岩槻物流センター等です。
②その後、設備投資額問題からケース半自動化が検討され、自動化設備に比して投資額を約1/3にしました。1998年に花王仙台及び沼南物流センターが稼働しています。
③更に、リスクマネジメントと設備投資額の見直しから、ケース非自動化を開発し、半自動化設備投資額の約1/3にしています（自動化設備の約1/9）。2003年稼働の花王八王子と尼崎物流センターがその例です。

（2）ピースピッキングの自動化の事例と課題
①ピース自動化設備の経緯
　1994年に稼働しました花王坂出物流センターでピースの自動化が開始されました。対象とした商品はボトル型とカートン型です。当設備は1995年12月に堺物流センターで本格的に稼働することになりました。稼働後9年間、自動化設備

の改良と、運営の改善を務めてきましたが、2004年にピース自動化設備をすべてデジタルピッキングに変更いたしました。

<図6-6. ピース自動化の設備と工程フローの事例>

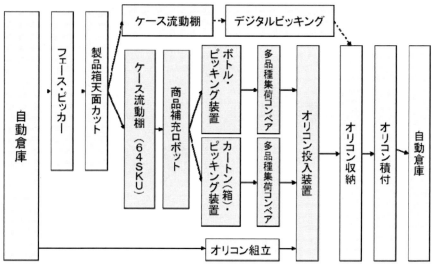

②ピースピッキング自動化設備の課題

A. 商品単品の仕分（切り出し・取り出し）が、本質的には、重力による自然落下や摩擦に依存する技術でした。商品個体の空間移動時のコントロールが不完全であり、設備トラブルや商品の品質劣化を招きました。技術的課題として判明したは、商品単品の数量カウントや商品の品質管理上、商品単品を個体として取り扱える技術を確立することです（図6-7次頁）。特に、商品単品を段ボールより取り出す、そして商品単品を認識して、把持する機械的な開発が課題です。

B. 商品単品の切り出し方や取り出し方の技術の都合からいえば、商品の形状・荷姿を標準化できるかどうかです。商品の形状・荷姿は、様々なものがあります。例えば、ボトル、箱物、袋もの、パウチ品等です。また、単品外装の材質には様々な材質があります。万能型の設備を考えるか、特定品目を対象にするかです。この点は、メーカーを対象に自動化設備を考える以上に、卸売業は、ピース2万

第5章補論「物流における労働力問題と卸売業をモデルにした物流生産性向上に関して」

〜3万アイテムを対象にしており、卸売業のピース自動化設備を考える時に検討を要する点です。

<図6-7. ボトル対応バラピッキングロボットの機能イメージ図>

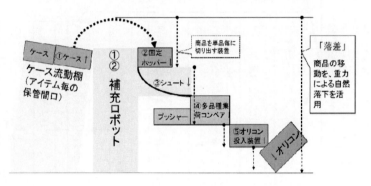

出所『物流エンジニアリングの温故知新』拙著

第4節　企業と企業間の課題

5．物流作業の省力化・自動化

1）庫内作業の省力化・自動化設備機器開発事項

　ピッキングの生産性向上は、ピッキングの作業時間を短くし、人数を少なくするか、無人化することです。ピッキング作業を分解すると、3つの作業に分けられます。即ち、準備や後処理等の作業、ピッキング作業、ピッキング間口への移動作業です。「ピッキング作業時間＝準備等時間＋ピッキング時間 ＋移動時間」

A．ピースの保管棚を移動するシステム

　移動時間を省力化する設備です。生産性は、ほぼ倍になると思われます。

例：アマゾン社ＫＩＶＡシステム、日立製作所Ｒａｃｒｅｗ、ＧｒｅｙＯｒａｎｇｅ社（インド）バトラー（自動搬送ロボット）等が開発されています。

B．ピースピッキング自動化ロボット

　ピースピッキング作業そのものを自動化する設備を想定しています。ピース単位に見ますと、さまざま荷姿・形状があり、自動化のレベルは高いものが要求されます。今回のモデル試算の対象です。

C．補充ロボット

　ケース保管からピース保管への補充用ロボットです。ピース自動化の前提です。

D．ケースの積み付け・積み降ろしロボット

　ケースの容積・重量の認識と積む順番をどのように制御するかが課題です。

　参考までにいえば、オリコンの積み付けロボットは普及済です。

2）輸配送システムの開発事項

①トラック運転自動化や、複数トレーラー編成運転の自動化

　高速道路や幹線道では近い将来、自動運転の可能性が大きいと考えています。

②物流センターから顧客（消費者）までのラスト・ワン・マイル構築

　A．戸別納品ルートの最適化

　B．留守宅受け取りの仕組み：一部マンションでは採用されてきています。

　C．小売店や駅での受け取り：一部企業では採用されています。

215

D. 無人航空機（ドローン）：千葉市（ドローンシティ構想／国家戦略特区）
及び一部企業が、実証実験を2016年に開始します。

3）ドライバーの荷役範囲

トラック荷役時に、ドライバーがどこまでの荷役をやるのかがあります。入荷時にしても、納品時にしても滞留時間が短ければ短いほど、車の稼働率は上がります。その点では、現在、慣行となっているドライバーの荷役作業のコストをだれが負担するのが適切なのかを検討することです。軒先渡しの意味、言い換えれば、国内におけるドライバーの荷役範囲を検討するのも一考です。

制度的には、国際物流のインコタームズが参考になり、下図の国際物流のコストの考え方を参照ください。

<図6-8. 国際物流のコストの考え方>

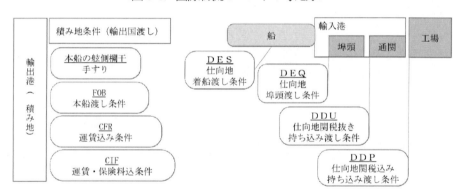

注1. C：コスト（貨物の価格）、F：フレイト（貨物輸送費）、F：フリー（引渡し）、インコタームズのF型のF、I：インシュアランス（保険）、FOB：フリー・オン・ボード（甲板渡し、輸入者が運賃と保険を負担）、CIF：コスト・インシュアランス・フレイト（輸出者が運賃と保険を負担）、
注2. インコタームズ（incoterms: international commercial terms, international rules for the interpretation of trade terms の略）国際商業会議所が制定した「貿易条件の解釈に関する国際規則」の略称。現在のものは1990年に改正され、13種類の定型取引条件が規定され、EDI に対応しています。
参考『図解国際物流のしくみと貿易の実務』鈴木邦成著日刊工業新聞社2014年

第4節　企業と企業間の課題

4）トラック荷役の自動化を検討

　トラック荷役（積卸・積込）をどうするかは、荷受け側で省力化・自動化を図らざるを得ないと考えています。省力化・自動化の前提としては、ケースの強度や、パレットの積載の検討なくしては、自動化はできません。しかも、パレットはグローバルに見渡した時に、サイズに様々な違いがあることも考慮する点です。

６．庫内作業の自動化設備投資原資

　下表（6-12）に投資可能額を積み上げた試算を掲載しています。ケース及びピース作業ともに、設定された工程ごとの物量から、就業人時生産性により、人時数と人数を算出しています。即ち、モデル事案は、ケース作業の物量は入荷・格納１５千ケース/日、補充１０千ケース/日、出荷１０千ロ/日かかり、６４人を投入し、ピース作業の物量は出庫２０万ピース/日（５千オリコン/日）、投入人数は６４人とします。無人化するとしたら、投入しています人数分の年間人件費が節約できます。したがって、ケース作業、ピース作業ともに、各々208百万円の節約ができます。また、設備を７年間で減価償却するとします。

　年間出荷金額187億円のモデルにおけるケース作業もしくはピースピッキング作業を無人化する時の設備投資可能額は、各々１，４５４百万円です。

<表6-12. モデルにおける無人化による省力化・自動化の原資>

項目	庫内						計
	入荷・検品	格納	補充	ケース出荷	ピース出荷	仕分・荷揃え	
物量	15,000ケース	15,000ケース	10,000ケース	5,000ケース	200,000ピース	10,000ロ	
就業生産性	200c/h	150c/h	70c/h	120c/h	400p/h	150ロ/h	
人時（MH）	75人時	100人時	143人時	42人時	500人時	67人時	927人時
人数	(15人)	(14人)	(20人)	(6人)	64人	(9人)	128人
	64人　　（仕分・荷揃え含む）						
省力化・自動化の対象	ケース系統の自動化（仕分・荷揃え含む）				ピース作業省力化と自動化		
省力化・自動化の設備投資源資	投資可能額1,454百万円 無人化する投資根拠 64人×1,300円/時×8時間/日×312日/年×7年（償却年数）				投資可能額 1,454百万円 （計算同左）	－	

217

第５章補論「物流における労働力問題と卸売業をモデルにした物流生産性向上に関して」

７．投資評価の方法

　新規投資や、資産除却時の投資を評価するには、ＥＶＡ（経済付加価値）が、適切ではないかと考えております。理由は、ＥＶＡは、営業利益の拡大と資産の圧縮が評価基準となるからです。

・投資案件が対象とするコストメリットを評価して、営業利益が上がるかどうかを判断できます。

・投資判断として、ＥＶＡが少なくともゼロ以上か、即ち投下資本を回収できているかどうかを金額で判断できます。

　つまり、ＥＶＡでは、当期利益ではなく、企業の営業活動による利益（税引き後営業利益、ＮＯＰＡＴ）から、調達資金にかかるすべての資本コスト（ＷＡＣＣ）を差し引いたものを、企業の真の利益（付加価値）として認識しています。資本コスト支払い後の企業の付加価値を増大させ、ひいては株主価値を増加させようという考え方です。

　ＥＶＡを求める計算式については、第５章第３節170頁を参照ください。

８．ＥＶＡによるモデルの試算

１）モデルⅠ

　ケース作業、またはピース作業を１００％無人化し、14.5億円を投資した時のＥＶＡ試算を行います。投資によって庫内作業費は要員の人件費分だけ節約、即ちコスト削減できます。その額が208百万円です。一方、投資に伴って減価償却費や修繕費等の経費が発生しますので、その経費が249百万円です。したがって税引き後営業利益が、初年度は△４１百万円の赤字です。投資は1,454百万円行いますので、資本コストは５％として７３百万円計上されます。したがって、ＥＶＡの初年度は△１１４百万円になります。７年後も、ＥＶＡは△５１百万円となります（図6-13）ので、無人化する費用削減を原資とする投資としては不適

218

第4節　企業と企業間の課題

です。

<表6-13.　ＥＶＡ試算モデルＩ>　　　　単位：百万円

EVA計算勘定科目	計算式	項目	1年目	2年目	3年目	4年目	5年目	6年目	7年目	合計
減少費用　1. 投資による庫内費削減効果費用（ケース要員、又はピース要員ゼロ化）		A	208	208	208	208	208	208	208	1,456
		B								
計	C＝A＋B	C	208	208	208	208	208	208	208	1,456
増加費用　減価償却費（設備投資1,454百万円÷7年）	G	D	208	208	208	208	208	208	208	1,456
修繕費・税・保険（償却費の10%相当）		E	21	21	21	21	21	21	21	147
人件費（オペレーションエンジニア2人）		F	20	20	20	20	20	20	20	140
計	＝D＋E＋F	G	249	249	249	249	249	249	249	1,743
営業利益の増加	H＝C－G	H	△41	△41	△41	△41	△41	△41	△41	△287
税金（実効税率42%とする）	I＝H×42%	I	0	0	0	0	0	0	0	0
税引き後営業利益（NOPAT）の増加	J＝H－I	J	△41	△41	△41	△41	△41	△41	△41	△287
投下資本　設備（投資額1,454百万円）		L	1,454	1,246	1,038	830	622	414	206	5,810
計	M＝L	M	1,454	1,246	1,038	830	622	414	206	5,810
資本コスト（5%）の増加（WACC）	N＝M×5%	N	73	62	52	42	31	21	10	291
EVAの増加	O＝I－N	O	△114	△103	△93	△83	△72	△62	△51	△578

2）モデルⅡ

　モデルＩと同じく投資額を1,454百万円としますと、ＥＶＡが黒字になるのは、モデルＩより、初年度よりメリット（物流費減少費用）が少なくとも３７５百万円必要です。即ち、自動化による無人化の費用減少効果２０８百万円の他に、他の効果として１６７百万円のメリットを生み出せるかにあります。

<表6-14.　ＥＶＡ試算モデルⅡ>

EVA計算勘定科目	計算式	項目	1年目	2年目	3年目	4年目	5年目	6年目	7年目	合計
減少費用　1. 投資による庫内費削減効果費用		A	208	208	208	208	208	208	208	1,456
2. 他の効果？		B	167	167	167	167	167	167	167	1,169
計	C＝A＋B	C	375	375	375	375	375	375	375	2,625
増加費用　減価償却費（1,454百万円÷7年間）		D	208	208	208	208	208	208	208	1,456
修繕費・税・保険（償却費の10%相当）		E	21	21	21	21	21	21	21	147
人件費（オペレーションエンジニア2人）		F	20	20	20	20	20	20	20	140
計	G＝D＋E＋F	G	249	249	249	249	249	249	249	1,743
営業利益の増加	H＝C－G	H	126	126	126	126	126	126	126	882
税金（実効税率42%とする）	I＝H×42%	I	53	53	53	53	53	53	53	371
税引き後営業利益（NOPAT）の増加	J＝H－I	J	73	73	73	73	73	73	73	511
投下資本　設備		L	1454	1248	1058	830	622	414	208	5810
計	M＝L	M	1454	1248	1058	830	622	414	208	5810
資本コスト（5%）の増加（WACC）	N＝M×5%	N	73	62	52	42	31	21	10	291
EVAの増加	O＝I－N	O	0	11	21	31	42	52	83	220

第５章補論「物流における労働力問題と卸売業をモデルにした物流生産性向上に関して」

3）モデルⅢ

　ＥＶＡが黒字化になるにはどうするかといえば、無人化の設備投資額を半減化すれば可能です。したがって、投資額を727百万円にした時の試算をします。計算過程は省略しますが、営業利益が初年度より４３百万円の黒字で、かつ資本コストが３６百万円計上されるので、ＥＶＡの初年度は、７百万円の黒字になります。

　７年後にＥＶＡは３８百万円となりますので、投資は可能と判断します。

<表6-15. ＥＶＡ試算モデルⅢ>

EVA計算勘定科目		計算式	項目	1年目	2年目	3年目	4年目	5年目	6年目	7年目	合計
減少費用	1. 投資による庫内要剤減効果費用（ケース要員、又はピース要員ゼロ化）計	C=A+B	A B C	208 208	208 208	208 208	208 208	208 208	208 208	208 208	1,458 1,458
増加費用	減価償却費（727百万円÷7年） 修繕費・税・保険（減価償却費の10%相当） 人件費（オペレーションエンジニア2人） 計	G=D+E+F	D E F G	104 10 20 134	104 10 20 134	104 10 20 134	104 10 20 134	104 10 20 134	104 10 20 134	104 10 20 134	728 70 1400 938
営業利益の増加		H=C-G	H	74	74	74	74	74	74	74	518
税金（実効税率42%とする）		I=H×42%	I	31	31	31	31	31	31	31	217
税引き後営業利益（NOPAT）の増加		J=H-I	J	43	43	43	43	43	43	43	301
投下資本	設備（投資額727百万円） 計	L M=L	L M	727 727	623 623	519 519	415 415	311 311	207 207	103 103	2804 2804
資本コスト（5%）の増加（WACC）		N=M×5%	N	36	31	26	21	16	10	5	145
EVAの増加		O=J-N	O	7	12	17	22	27	33	38	156

220

9. 設備投資比較

　自動化設備の設備投資額14.5億円をモデル1、同様に7.3億円をモデル2、非自動化設備（パレットラックやコンピュータ等の投資額3億円）をモデル3とします。各々の総費用を、固定費（投資等）と変動費（作業費）に分解して比較します。

　モデル1（自動化設備）は、総費用が79.8円/口、モデル2（自動化設備）は、同42.9円/口、モデル3（非自動化設備）は同81.8円/口です。

　明らかにモデル2が優位です。また、モデル2はＥＶＡにおいても黒字化しています（前出モデルⅢの試算）。モデル2の投資であれば、非自動化設備と比較しても無人化する意味が出ます。

<表6-16. 設備投資を固定費と変動費で比較>

設備投資比較項目		モデル1. 自動化設備	モデル2. 自動化設備	モデル3. 非自動化設備
年間出荷物量（M. 口数）		3,120千口	同左	同左
設備投資	A. 投資額 B. 設備償却費 （A÷償却年数7年）	1,454百万円 208百万円	727百万円 104百万円	300百万円 43百万円
維持経費	C. 年間の設備修繕費・ 保守要員人件費	41百万円	30百万円	4百万円
1口当り 固定費	D. 設備償却費　（B÷M） E. 年間維持経費（C÷M） F. 固定費計　　（D＋E）	66.7円/口 13.1円/口 79.8円/口	33.3円/口 9.6円/口 42.9円/口	13.8円/口 1.3円/口 15.1円/口
1口当り 変動費	G. 年間庫内作業費 H. 1口当り庫内作業費 （G÷M）	0 0	0 0	208百万円 66.7円/口
総費用　（F＋H）		79.8円/口	42.9円/口	81.8円/口

第5章補論「物流における労働力問題と卸売業をモデルにした物流生産性向上に関して」

１０．自動化設備投資のまとめ

　企業経営上、労働力不足を見越して、庫内作業の自動化を図ることに意義はあります。自動化設備投資を行うには、利益が必要です。そのための諸条件を検討するために、年間出荷金額約 187 億円の物流センターをモデルにして検討してきました。

　モデル事案は、ケース作業に６４人、物量は入荷・格納１５千ケース/日、補充１０千ケース/日、出荷１０千ロ/日かかっています。

ピース作業に６４人、物量は出庫２０万ピース/日（５千オリコン/日）です。

　ケース又はピース作業を無人化する設備投資を、各々投資額７２７百万円を目途にして行うことであれば、企業経営上、投資する意味があります。自動化を各企業に普及できるでしょう。

　本来の目的である労働力減少に対して、技術革新をして、物流の生産性向上を大幅に図れることになります。

222

第６章
卸売業の経営戦略

第6章　卸売業の経営戦略

第1節　利益の考え方

1．戦略の基本論理

　戦略を組む時の前提として、「**経営は何を最大にするべきか**」があります。例えば、①利益、②シェア、③成長、④従業員満足、⑤顧客満足、⑥株価（企業価値）、⑦社会貢献等があります。いずれを回答しても、正解でしょう。

　企業が永続して存続していく上では、持続可能な**利益**を目標とします。利益は、事業存続費だからです。また、利益は、先行投資が行える基盤になります。だからこそ、利益を最大化することをゴールとするべきです。**利益**は、本来、企業が顧客にとってなくてはならない存在だからこそもたらされるものです。

　利益を出していれば、社会の構成メンバーとして、従業員の安定的な職場の確保、顧客へ商品やサービスの提供、株主への配当、納税等ができます。即ち、企業は、従業員、顧客、株主や社会等のステークホルダーに対して貢献していることになります。

　卸売業の経営課題は、持続的に**利益**をいかに出すかにあります。産業としては社会的に存在価値があり、メーカーにとっても小売業にとってもなくてはならない存在です。にもかかわらず、企業毎には代替性があるとみられているために、低収益です。

2．利益を創出するとは

　経営活動は、顧客に**価値**を届けることによって成り立ちます。その為に、経営活動は、「商品」や「サービス（機能）」という価値を生み出す活動と、創出された価値を市場に出す活動とがあります。

　企業活動としてみれば、前者は主に研究開発等に代表され、後者は生産・販売・物流に代表されます。また、部門毎にみれば、部門固有の価値を生み出す活動があります。それらが、改善に留まらず、イノベーションにまで昇華されることがあります。企業とその部門は、**価値**を作り、届けるために、仕事のプロセスを設計し、運営しています。広くは、バリューチェーンとして社内と社外で結び付けられて、運営されています。

第1節　利益の考え方

　売上高は、**顧客が価値を認める「商品やサービス（機能）」**を提供して始めて得られます。売上高（S：sale）は、**顧客が支払いたいと思う価値**（V：value）であり、Vは、**WTP**（willingness to pay）と言い換えられます。

　コストの多くは、創出した価値を市場に送り出す過程で発生します。コストは、競合相手よりも低いコストで提供しえると、利益は生まれます。

　　　利益（P）＝売上高（V＝WTP）－コスト（C）

3．WTPとコストが関わる経営活動の領域

①WTPはイノベーション

　WTP（willingness to pay）は、主として、**イノベーション**（創造）に関わる領域です。イノベーションは、技術を現状のフェーズから未踏の領域へ飛躍させて、本質的な価値を実現することが目標です。卸売業として、ナショナルブランドを同じように販売していても、顧客を納得させる何かを創らない限り、WTPは、生まれてきません。顧客が支払いたいと思う価値とは、何かになります。

　経営を革新していく時には、戦略上、事業のイノベーションは欠かせません。イノベーションは、新たな価値を創造することや、既存の価値をより効率的に創るようにすることです。従って、イノベーションは、経済活動や経済社会を変えていくことになりますし、狭義の技術革新のことだけを言うのではありません。

　参考までに言えば、シュムペーターの「創造的破壊」が、あまりに有名な言葉です。これは、『資本主義・社会主義・民主主義』（1942年）という本で「イノベーション」を表現するために使った言葉です。「創造的破壊の過程こそ、資本主義についての本質的事実である」と言っています。

②コストはオペレーション

　コストは、主として、**オペレーション**（執行）に関わる領域です。オペレーションは、論理的に正解を追求できる業務です。すべきことが明確で、それを効率化することが主眼となります。卸売業の間接部門や物流部門は、正にこの領域に属し、執行の組織能力が問われる部門です。コストそのものを下げるための改革があります。その改革が、技術革新であったり、運営の改善であったりしますので、コストを下げることもイノベーションと関わります。

第6章　卸売業の経営戦略

③イノベーションとオペレーションの考え方

　イノベーションとオペレーションは、組織運営の考え方が異なります。イノベーションでは、「**熱意・想い**」といった人間性に基づく原理で運営されます。オペレーションでは、「**論理・分析**」に基づいたきめ細かな手法で運営されます。工夫の積み重ねが重要になってきます。鍵は、情報システムにあると考えています。実務現場では、まだまだ人に依存した仕組みで、多数の人が関わっていますし、労働生産性の低さにもつながっています。システム化で合理化される仕事が随分と残されています。

第2節　経営戦略の選択

第2節　経営戦略の選択

1. 競争

　戦略を組む時に、顧客をめぐって企業間の競争を想定します。**競争**とは、企業間の**違い**をなくす方向に働く圧力です。従って、競争がある状態では、放っておけば「違い」は次第になくなり、同質化します。残るのは、コスト優位の裏付けのない単純な価格競争になります。卸売業が、ナショナルブランドを担いで販売する限りは、商品そのものの違いが見えませんので、常に陥りがちなことになります。

　全部のビジネスプロセスを自社でやるのは、経営資源上、手に余ることがあります。全部丸投げにしますと、他社との違いによる優位性がなくなります。そのジレンマの中で、自社の勝ちパターン[1] をいかに創るか、利益を創出するのはどうするのかにあります。

　戦略そのものが、**選択**を余儀なく求めてきます。限られた経営資源の中で、あれもこれも、同時にはできません。いずれにするのかの選択を、判断せざるを得ません。選択の判断をしなければ、今のままになります。選択の判断基準として、**勝ちパターン**を考えることになります。勝ちパターンを突き詰めると、ブルー・オーシャン[2] と言い換えることもできます。ブルー・オーシャン戦略は、あくなき戦いが繰り広げられる既存の市場を抜け出し、競争自体を無意味なものにする未開拓の市場を生み出す戦略のことです。

　勝ちパターンのそもそもが、利益を創出できるかにあると考えています。
　勝ちパターンを考える上で、利益を出す源泉には、二つあります。
　一つが、**業界の競争構造**の中で、どこで戦うかです。
　二つ目が、**他社との違いを作る競争優位**をいかに創るかです。
卸売業の経営を通して、戦略の選択を検証していきます。

注1)『ゲーム・チェンジャーの競争戦略』内田和成編著　日本経済新聞出版社
注2)『ブルー・オーシャン戦略－競争のない世界を創造する』W. C. キム/R. モボルニュ著　ランガムハウス講談社

第6章　卸売業の経営戦略

2．業界の競争構造の中で、どこで戦うか

1）どこで戦うか

　利益を出す源泉の一つは、「**どこで戦うか**」という**業界の競争構造**にあります。製配販の日用品業界上位3社の収益性を比較しますと、日用品卸売業の営業利益率は最下位に位置します（表7-1）。業界により、利益率の大小には違いがあります。ひいては利益の出易さの違いにもなります。

　業界の競争構造は、かなりの程度まで個別企業の努力を超えた環境要因と言えるでしょう。

<表7-1．日用品製配販の業界毎の営業利益率比較>

産業界	企業名	売上高	営業利益	営業利益率
小売業 （GMS）	イオン	7兆785億円	1413億円	2.0%
	セブン＆アイHD	6兆389億円	3433億円	5.7%
	ユニーHD	1兆189億円	202億円	2.0%
卸売業 （日用品・医療 用品卸売業）	パルタック	8210億円	104億円	1.7%
	あらた	6387億円	24億円	0.4%
	中央物産	1301億円	△4億円	△0.3%
メーカー （化粧品・トイ レタリー）	花王	1兆4017億円	1332億円	9.5%
	資生堂	7776億円	276億円	3.5%
	ユニチャーム	5536億円	613億円	11.1%
	ライオン	3673億円	124億円	3.4%
	P&G（米国）	10兆2,166億円	1兆8804億円	18.4%

出所『会社四季報業界地図2016年版』2015年3月期決算ベース

2）日用品卸売業の5つの競争要因

　ポーター[1]のいう5つの競争要因（内部の対抗度、新規参入の脅威、代替品の脅威、供給業者の交渉力、買手の交渉力）でいいますと、日用品卸売業は、収益を決める「5つの競争要因」のどの圧力も大きく、利益を出しにくい業界です（図7-1）。

①内部の対抗度：業界内部の企業間競争は激しく、典型的には帳合獲得と喪失の繰り返しによって、収益性は疲弊していっています。競争企業数は、多数にの

注1）　『競争の戦略』M.E.ポーター著　土岐他訳　ダイヤモンド社

ぼりますが、上位集中化傾向が強く、規模間格差が拡大しています。市場の成長性は、低成長ですし、価格競争は、卸売業と小売業間の納入価格の低減化及び、メーカーと卸売業間のリベート競争が　激しく行われております。
②新規参入の脅威：参入障壁は低く、食品卸や医薬品卸等が日用品卸に参入や統合をしています。
③代替品の脅威：小売業ではＮＢの代替品としてＰＢ商品が拡大しており、ＮＢ商品の構成比が減少していっています。
④供給業者の交渉力：利益の綱引きにおける力は、メーカーが強く、粗利減、販促費増、価格安定を強く求める姿勢が見られます。
⑤買い手の交渉力：「帳合ビジネス」が故に、小売業からの要請に対しては弱い立場にいます。小売業によっては、毎年入札制によって、納入価格を下げていくのをみても、交渉力の凄さがわかります。

以上の分析を見る限り、「どこで戦うか」という設問に対しては、卸売業という産業の中で、戦うのは容易ではなく、利益が出にくい業界になっています。
今後も業界の中に存続し続けるのか、あるいは、他の業界に転出するのかが問われます。この点こそが、経営戦略の課題であり、収益を巡っての岐路になります。

<図7-1. 業界の収益性を決める５つの競争要因（５フォース）>

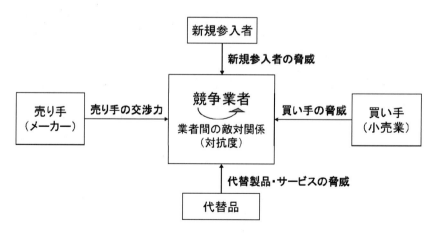

第6章　卸売業の経営戦略

3．他社との違いを作る競争優位

　競争がある中で、他社よりも収益を上げ、持続的に利益を出すことを考えるの
が、戦略です。戦略の本質は、**他社との違い**、**自社の独自性**を作ることにありま
す。もし、他社との違い、若しくは独自性がなければ、競争の荒波に呑み込まれ
てしまいます。

　即ち、「他社との違い・独自性」を作ることが、競争優位になります。競争優
位で勝負できれば、持続的な利益を確保できます。一方で、独自性によっては、
真似られる可能性があり、持続的な利益を創出することが難しくなります。常に、
違いを作り続ける必要があります。

　「他社との違い・独自性」を作るやり方には、2つあります。
一つは、「**種類の違い**」、二つ目は、「**程度の違い**」です。

1）種類の違い

（1）ポジショニング戦略

　「**種類の違い**」は、違いを指し示す物差しがあるタイプです。他社と違ったこ
とをして、他社と違うところに自社を**位置付ける**ポジショニング戦略（ＳＰ：
strategic positioning）です。

　ポジショニング戦略は、企業を取り囲む外的な要因を重視します。業界の競争
構造は、そのさいたるものです。ポジショニング戦略は、何をやって何をやらな
いかという意思決定をすることになります。本質的には、無競争の戦略を選ぶこ
とになります。

　卸売業の「種類の違い」について、どのようなことが考えられるでしょうか。
卸売業の抱えている経営資源の中で、品揃え、チャネル（顧客先）とエリアがあ
ります。いずれも、経営を行う「**規模**」と深くかかわり、ポジショニングは変化
します。

（2）卸売業のポジショニング戦略／品揃えとチャネル

①卸売業のポジショニング戦略として、一番目に上がるのが、**品揃え**です。
品揃えであれば、**フルライン**で揃えるやり方から、限定した品揃えに特化するや
り方、即ち**専門化**があります。例えば、化粧品や化粧品の小間物に品揃えを特化
するやり方があります。

230

卸売業の今後を考えると、卸売業は「**経営規模の拡大**」をもっと図ることになるでしょう。しかも、取り扱う品目を拡大し、現在の業態対応からさらに拡大していくだろうと思います。即ち、医薬品、食品、日用品の業種業態にこだわらない卸売業に発展していくでしょう。なぜならば、小売業の企業が拡大していっております。小売業の店舗全体の売場を十分に品揃えしていくには、卸売業も品揃えをはじめとした拡大が必要になります。

②次に、どの**チャネル**で販売するかです。消費者の購買箇所が変化しており、合わせて業態も変化を起こしているのは、既述の通りです。チャネルは、小売業の業態や業務用品ルートなどを選択することです。**フルチャネル卸**なのか、**限定チャネル卸**なのかです。業務用品ルートは、旧態依然としたチャネルの面はありますが、消費の変化の中で、注目してよいチャネルです。特に、食品には外食、中食、内食等に関して様々なチャネルがあります。

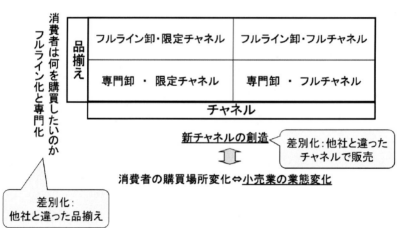

<図7-2. 品揃えと対応チャネル>

③日用品卸売業の主要3社の比較可能なカテゴリー別売上の構成比をみますと、各社同じような品揃えにみえても、特徴がでています。この違いが、収益の差に出ています。

第6章　卸売業の経営戦略

<表7-3. 日用品卸売業のカテゴリー構成比>

カテゴリー	A社	B社	C社
ハウス	36.5%	48.1%	32.2%
家庭用品	7.9%		8.3%
ビューティ	31.3%	30.0%	59.6%
ヘルス他	24.2%	21.9%	
合計	100.0%	100.0%	100.0%

出所：各社「有価証券報告書」

④ある卸売業では、化粧品カテゴリーに特化することによって、高収益になっています（営業利益率8%以上）。

⑤小売業チャネルではなく、業務品チャネルに特化することで、高収益の卸売業があります（営業利益率8%以上）。

⑥品揃えの相乗積モデル

　相乗積とは、売上構成比と粗利率の積です。実際に、品揃えを変えるモデルを設定して、粗利益がどのように変化するか見てみます。モデルの設定としては、次の通りです。

・カテゴリー毎の粗利率は、日用品・化粧品10%、家庭品18%、医療衛生品15%とします。

・高粗利カテゴリー（ここでは家庭品と医療衛生品）の売上をアップして、総売上高を2%上げます。

・カテゴリー別売上構成比を、日用品・化粧品は70%から63.7%に下げ、家庭品は24%から25.5%に上げ、医療衛生品は6%から10.8%に上げます。

　現行のモデルAと、設定されたモデルBを比較しますと、粗利率は現行の12.2%から12.6%になり、+0.4%アップしています（表7-4）。

　品揃えと一口に言っても、どのカテゴリーを強化していくのかによって、即ち自社の顧客を攻める時に何を強化するのかによって、明らかに利益構造は増減し

232

第 2 節　経営戦略の選択

ます。

<表 7-4. 目指しているモデルの試算例>

モデル	カテゴリー	売上高	粗利額	売上構成比	粗利率	相乗積
モデルA	日用品・化粧品	700億円	70.0億円	70%	10%	7.0
	家庭品	240億円	43.2億円	24%	18%	4.3
	医療衛生品	60億円	9.0億円	6%	15%	0.9
	計	1000億円	122.2億円	100%	12.2%	12.2
モデルB	日用品・化粧品	650億円	65.0億円	63.7%	10%	6.4
	家庭品	260億円	46.8億円	25.5%	18%	4.6
	医療衛生品	110億円	16.5億円	10.8%	15%	1.6
	計	1020億円	128.3億円	100%	12.6%	12.6

（3）卸売業のポジショニング戦略／品揃えとエリア

エリアは、**全国卸**になるのか、**地域限定・地域密着卸**になるのかで分かれます。小売業の多くが、全国チェーンを目指しております。卸売業として、全国展開を図るのかどうかに関わります。地域密着で経営していくのであれば、顧客は地域限定になります。

<図 7-3. 品揃えと対応エリア>

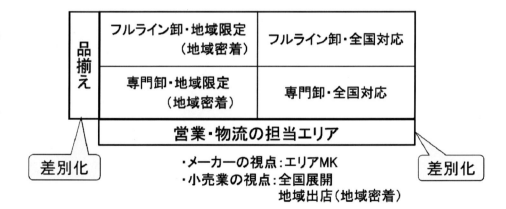

233

第6章　卸売業の経営戦略

（4）競合と戦略の選択

　フルライン・フルチャネル・全国卸売業という総合卸同士の競争の時には、さらに規模の拡大を目指すのか、あるいは「程度の違い」を検討することになります。

　フルライン・フルチャネル・全国卸売業という総合卸と、専門卸売業・限定チャネル・限定地域卸売業とが、競争する時には、専門・限定卸売業は特化した品揃え・チャネル・地域を持つと、その独自性から競争は違ったものになります。

<表7-2.　ポジショニングの選択>

競合同士		競争状態	収益性
フルライン・フルチャネル・全国卸売業	フルライン・フルチャネル・全国卸売業	・帳合を巡って激突	・低くなります ・規模拡大を指向します
フルライン・フルチャネル・全国卸売業	専門卸売業・限定チャネル・限定地域卸売業	・帳合を巡って激突 ・専門卸側に棲み分けを選択する可能性があります	・低くなるか、選択によっては高くなる可能性があります
専門卸売業・限定チャネル・限定地域卸売業	専門卸売業・限定チャネル・限定地域卸売業	・専門卸同士で棲み分けします	・高くなる可能性があります。

234

2）程度の違い

（1）組織能力戦略

「**程度の違い**」は、違いを指し示す尺度がないタイプです。他社と違ったモノあるいはコトを持つという**組織能力戦略**（OC organizational capability）です。

即ち、組織能力戦略は、競争優位の源泉を企業の内的な要因に求め、独自の強みを持とうとするものです。

組織に定着している固有のやり方が、他者による「**模倣の難しさ**」に由来し、組織能力戦略の正体になっていることが多くあります。また、「神は細部に宿る」と言われていますように、小さな工夫の積み重ねが、意図せざるイノベーションになり、企業や社会を動かす駆動力となることがあります。

組織能力戦略は、ポジショニング戦略と違って、競争を回避するというよりは、戦わなければいけない時があることを受け入れて、それに対抗しようとする戦略になります。対抗するために他社がまねできない組織力を磨くことになります。

卸売業が、競争優位を作るうえでは、程度の違いとして、組織能力戦略に基づくことが中心になります。卸売業の組織能力戦略の中心的な役割は、卸売業が培ってきた**業務プロセス**です。業務プロセスを通じて、顧客において実現しようとするマーケティングと物流です。

<図7-4. 業務プロセス>

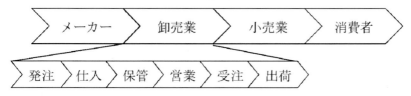

顧客は、取引契約の側面から言えば小売業です。取引している商品そのものを最終的に使うのは、店舗への来店者である購入者（消費者）です。同じ顧客でも、販売対象の顧客と、消費する顧客（消費者）とでは、マーケティング上、扱い方が違います。

マーケティングは、「お客様が何を求めているか」から考え、「顧客は何を買いたいのか」を問うことです。「我々が何を売りたいか」ではありません。さら

第6章　卸売業の経営戦略

に言えば、「お客様が将来的に求めるもの」を探るに当り、「新しいものを作り出す（価値創出）」ことです。

卸売業におけるマーケティングは、消費者を見据えた品揃えから始まり、店舗での定番や山積みまでの売場作り活動が直接的な範疇になります。活動としては、品揃え・配荷・定番作り・陳列・販促・山積みといったプロセスになります。この本の中では、インストア・マーケティング[1] としており、別な見方をすれば、リテールサポート[2] と言われている分野です。

物流においても、受注を受けてから納品するまでの運営の仕方は、企業によって違います。それが、物流の作業上の品質と、コストの差として現れてきます。

利益は、売上高（WTP）－コスト（C）の差として表されると、書きました。売上高の基であるWTP（顧客が支払いたいと思う価値）があるかどうかが、主としてマーチャンダイジング部門や販売部門の話です。コストは主として物流部門の話になります。

業務プロセスの遂行力の差、即ち組織を運営していく能力（組織能力）差が、競争力の差となります。業務上の連鎖の中で、どこか弱いところがあれば、顧客との関係で、そこがボトルネックになります。

（2）卸売業の組織能力

「程度の違い」を作る上で、卸売業の組織能力戦略の中心的な役割は、マーケティングを基にした顧客へのリテールサポートと、業務プロセス改革の中でも物流です。

リテールサポートは、「お客（小売業）が経営において何を求めているか」への提案営業であり、収益向上が目的です。

業務プロセス改革は、ＩＴ（情報システム）をベースにして、組織能力を上げ、コスト低減することです。その典型が物流に関わる業務プロセスの改革です。

注1）インストア・マーケティングは、第4章第3節102頁～117頁参照

注2）リテールサポートは、第6章第5節243頁～253頁参照

第3節　経営戦略の組立

1. 競争戦略の確認

　戦略について、まず、業界の競争構造の中で、どこで戦うかを検討しました。即ち、持続的な利益は、業界の競争構造によって左右されるということでした。卸売業は、利益の出しづらい業界の一つです。

　次に、厳しい競争構造になっている業界であっても、他社との違いを作る競争優位として、「種類の違い（ポジショニング戦略）」、と「程度の違い（組織能力戦略）」があることを述べました。

　以上の点をまとめると、利益を上げていくためには、戦略を組み立てる順は、次のようになります。

①**業界の競争構造**の中でどうするのか
　・卸売業から、別の業界（例えば生産や小売業）に進出することがあります。
　・現在の業界に居続けるならば、②に進みます。

②種類の違い／**ポジショニング戦略**（SP 戦略）を選択します
　・企業規模（全国、ローカル、限定エリア、海外等）
　・品揃え（消費者向け、業務用途向け等）
　・チャネル（小売業向け、業務用途向け等）
　・商品の自社開発と販売、ネットビジネスの取組み
　　いずれかで競争優位を創れない時は、③に進みます。

③程度の違い／**組織能力戦略**（オーガニゼーショナル・ケイパビリティ OC 戦略）の選択をします
　・現在の卸売業の機能を事業化します。
　　客先である小売業の経営の質に依存しますので、顧客によって、小売業経営の全域に亘るサポートを行う、あるいは一部の経営機能をサポートする、例えば物流機能の代替を行います。いわゆるリテールサポートの事業化です。

第6章　卸売業の経営戦略

２．卸売業における競争戦略を創る

　卸売業が置かれている環境、即ち業界の競争構造の中で経営を続けるとします。他社との違いを作る「競争優位」の作り方で、どのような戦略をとればよいのかをまとめておきます。

　縦軸にポジショニング戦略と組織能力戦略をとり、横軸に既存の商品や機能と新しい商品や機能を取っています。この組み合わせで言いますと、「ポジショニング改良型」、「プロセス改良型」、「市場創造型」、「ビジネス創造型」の４タイプにまとめられます（下表）。

<表 7-5.　卸売業の競争優位の作り方>

競争優位の作り方	既存の商品や機能	新しい商品や機能
種類の違い 「ポジショニング戦略」 （ＳＰ戦略）	【ポジショニング改良型】 ・品揃えを変える ・チャネルを変える ・エリアを変える	【市場創造型】 ・商品の自社開発 ・ネットビジネス等
程度の違い 「組織能力戦略」 （ＯＣ戦略）	【プロセス改良型】 ・リテールサポート（有償） ・業務プロセス改革 （物流、営業、管理）	【ビジネス創造型】 ・機能の事業化 ・Ｍ＆Ａによる事業の総合化

上記表の中で書かれています
　　【市場創造型】商品の自社開発、
　　【プロセス改良型】リテールサポート（有償）、
　　【ビジネス創造型】機能の事業化（共同配送物流を含む）
については、当章の第4節から第6節で項をあらためて書きます。
なお、「ネットビジネス」については、第5章第1節「(2)ネットビジネス」141頁～143頁及び、第5章第6節「オムニチャネル化への物流システム」190頁～194頁の中で書いています。

238

第3節　経営戦略の組立

　卸売業の競争優位の戦略課題について、他社との違いや程度を異にした競争優位性のやり方や、他からの参入企業とどのように戦うかをまとめておきます（下表）。

<表7-6.　戦略とイノベーション>

競争優位の戦略		同業や他の参入企業との戦い方	収益性	リスク
SP戦略	ポジショニング改良型	品揃え等を変えて、新たな利益を創出します。競合との競争の仕方を変えて、利益を上げます。	小	小
	市場創造型	商品開発によって、新しい商品価値を提案します。創造力とイノベーションを結び付けます。	大	大
OC戦略	プロセス改良型	リテールサポートや業務プロセス改良のように、商品や機能を活かして、新しい儲けの仕組みを創ります。	中	中
	ビジネス創造型	機能の事業化のように、新たな機能を生み出すことで、市場を創造し、競争のルールを変えます。業務プロセス上の顧客や供給企業が気付いていない価値を具体化します。	大	大

239

第6章　卸売業の経営戦略

第4節　自社商品開発

1．消費者が本当に必要な商品を創る時代

　卸売業の利益構造上、利益率を改善することが、卸売業の経営の基本になります。今日、ユーザー（消費者）によるイノベーションとして、消費者が本当に必要な商品を創れる時代になりました。自社商品開発提案ができなくては、マーケティングをしているとは言えない時代です。

　消費者起点のマーケティングを創っていく上で、自ら商品開発と販売を行うことが、基本となります。消費者が欲する商品を発想し、商品作りがあって始めて、消費者と会い対自することになりますし、そのための流通を考えることになります。

　卸売業であっても、自社商品を開発提案できなくては、消費者を理解しているとは言えない時代です。企業として、消費者も新製品や新サービスの重要な開発者になりうること、あるいは開発者であることを認識しておくべきでしょう。人々が多様性ある存在として、企業の製品開発能力に勝っていることがあることを理解しておくことでしょう。商品をどの市場に出すのであれ、商品開発は現在慣れ親しんだ業界から抜け出して、新しい市場を創る機会になります。自社の商品開発と販売を自ら行います。

　言うまでもなく、消費の多様化や、消費者による商品の選考が厳しく問われる時代です。企業としても、新製品の適切な仕様と販売量を見極めるのが難しくなっています。新製品の商品化失敗率が５０％以上と言われているゆえんです。

　やはり、開発者側に消費者ニーズの誤った理解があったのでしょう。多くの商品が技術的な欠陥ではなく、その商品のカテゴリーや市場が存在していなかった可能性があります。

240

第4節　自社商品開発

　確かに、開発者の直観とともに、商品開発に必要とされる情報の中で、顧客の選考と要求に関する信頼できるタイムリーな情報があります。

　マーケティングの伝統的な市場調査は、グループインタビュー、テストマーケティング、コンセプトテスト等があります。いずれもサンプル調査です。インターネットの普及に伴って行われる市場調査には、クラウドソーシングによって、不特定多数の「群衆」を商品開発に組み込む手法があります。また、集団的顧客予約（collective customer commitment）として、顧客が集団的に事前予約をする仕組み等があります。対象となる顧客をビッグデータで全体としてとらえることが可能になってきました。

　マス・マーケティングやセグメント・マーケティングから、個々のニーズにあったマーケティング、つまりパーソナルマーケティングやカスタマイズ・マーケティングが重要になってきます。これを行うには、一人ひとりがどういう嗜好であるか、買い物をしているかを知る必要があります。その意味では、ビッグデータ等のデータ活用によって見える化する必要があります。それができる時代になってきました。

　従来からの企業開発による単線的なルートにプラスして、ユーザー（消費者）による商品開発も認めて、他のユーザーへの普及も考えるという**複線的なルート**もあって良いでしょう。

　商品開発で消費者よりも一歩先を歩めるだけのシーズ開発（**技術やノウハウ**）は、日々築いておくことです。それが積み重なって、真の消費者ベネフィットになる新しいカテゴリーや新市場の商品開発になります。

2．商品開発の技術環境

①コンピューター・テクノロジーやパソコンが普及し、質の高い設計用ツールが安価に手に入ります。

②ビッグデータにより、消費動向を分析・解析できます。

第6章　卸売業の経営戦略

③インターネット／ネットワークによる質の高いコミュニケーションや、グルー
　プの形成が可能です。
④プロトタイプ作成用の質の高い装置が安価に手に入ります。
　　"3Dプリンター"の登場が、それに拍車をかけました。

3．事業リスク

　商品開発は、事業上のリスクとして大きなものがあります。
一つは、商品開発時に、新カテゴリーや新市場の商品コンセプトを打ち出し、消
費者の琴線に触れる商品の仕様（スペック）をきちんと書けるかどうかです。
二つ目は、売れるための売価と、リスクを想定した利益をどのように設定するか
です。相当の利益率を見込む必要があります。
三つ目に、生産をどうするのか。工場がなくても、生産委託をすれば可能ですが、
生産する商品のアフターサービスを含めた品質管理をどのように行うのかです。
四つ目に、市場に出すマーケティングや販売をどのようにするかです。
五つ目が、店舗でもネットでも、売れなかった時の在庫の処分をどうするかです。

4．何を売るのか

　商品を売るのではなく、商品のもたらす**"ベネフィット（便益）"**という機能
を売ることができる時代です。
　IoT（internet of things）がもたらした商品開発の例[1]としては、ハイア
ール社のIoTコインランドリーの例があります。また、ドイツのケーザー・コ
ンプレッサー社が行っているコンプレッサーではなく、圧縮空気を売っている例
があります。同社は、圧縮空気をどれくらい利用したかに課金するサービスを開
発しています。

注1）事例は、『IoTビジネスモデル革命』小林啓倫著朝日新聞出版が参考になります。

242

第5節　リテールサポート

1．リテールサポートの考え方

　リテールサポートは、卸売業が小売業の店舗経営を支援する仕組みです。店舗でショッパーが商品に出会う瞬間に至るすべてのプロセスに関係してきます。卸売業が小売業に対して店舗経営支援を行い、小売業の売上高と利益に貢献します。結果として、卸売業の売上高と利益も増加することになります。米国のスーパーバリュー社を訪問した時に、"Your Success is Our Success"という理念に出会いましたが、まさしく、リテールサポートの本質を物語っています。リテールサポートは、米国の卸売業で開発されています。代表的な言葉として「**フルターンキー**」があり、店舗経営を実現するためのメニューが用意されています。

　取引形態の違いはありますが、日米のリテールサポートの大きな違いは、有償か無償かです。米国は、一般的に有償です。それだけに提供するメニューに関しては、高度であり、担当する方も鍛えられていたように思います。

　日本においても有償で評価されるリテールサポートでありたいものです。有償で評価される内容にしていかないと、経営収支に直接貢献する仕組みにはなりえません。現状のリテールサポートは、帳合維持や拡大が主目的になっていないでしょうか。

2．米国の経験と今後

　米国で1900年代初頭から1930年代にかけて、小売業が本格的な経営革新を行い、卸売業が崩壊と再生の流れに至った過程がありました。小売業が、利益の構造上、卸売業を取引から外していき、直接メーカーと手を組み始めました。

　卸売業は、中小食料品店と手を組み、ボランタリーチェーンを誕生させています。品揃えがグロサリーに限定されていた業種別卸売業から、温度管理商品やノンフード等を広げて、**品揃えの幅を拡充し、強化**しています。卸売業は、いわ

第6章　卸売業の経営戦略

ゆる、ラインロビング[1]していっています。その結果、卸売業は、中小食品料店の本部の役割を担っています。卸売業は、ラックジョバー[2]やサービスマーチャンダイザー等に発展していきました。新生した卸売業は、小売業の当該商品の売場について品揃えと店頭作業一切を任してもらい、**フルライン卸売業**になりました。

1960年代になるとディスカントストアや大型スーパー等が成長し、中小スーパーが不振に陥りました。これを得意先としていました卸売業は厳しい経営状況に陥りました。事態を打開するために考えられたのが、中小スーパーに対して**リテールサポート**活動を実施し、卸売業自身が活性化を図っています。自社をホールセール（卸売業）から「リテールサポートサービスカンパニー」と称し、販売員は「リテールカウンセラー」又は「スーパーバイザー」と呼称していました。リテールサポートを事業の中心に展開しています。

リテールサポートの誕生を振り返ってみますと、経営危機をバネにして、経営の体質を変えてしまう点こそ、米国卸売業の経営に学ぶことだと考えています。

日本でも1970年代から1980年代にかけて、一部食品卸売業や日用品卸売業がリテールサポートのノウハウを米国から導入しております。

日米ともにボランタリーチェーンという中小小売業の共同組織体が発生しております。米国では「スーパー・バリュー・ストア」、日本では「全日食チェーン」などが代表例です。それらの本部がリテールサポート活動を活発化させています。

今後、日本のリテールサポートを考えると、売場を起点とするだけではなく、生活の場（商圏）を考えると、消費者を視野に入れた取り組みがいります。消費者起点のマーケティングの面からリテールサポートを考えることになります。

注1）ラインロビングは、既存企業と競争し、勝てる形で特定の商品群を一つずつ増やしていくことです。あるいは総合化のことです
注2）ラックジョバーは、大型店の売場の一部分について、マーチャンダイジングのすべてを委任された問屋です。サービスマーチャンダイザーとも呼ばれています。

第5節 リテールサポート

3. リテールサポートのメニュー

　リテールサポートの代表的なメニューは、品揃え提案、売場づくり提案、販売促進提案、システム開発提案、教育・指導提案があります。
　リテールサポートのメニューの例を挙げておきます（図7-5 図7-6）。
　　（1）出店支援
　　　　①商圏・立地の調査・分析（例：図7-7）
　　　　②消費者調査・分析
　　　　③店舗設計、内外装デザイン、フロアのレイアウト
　　（2）マーチャンダイジング支援
　　　　①品揃え・商品開発
　　　　②価格設定
　　　　③棚割（グルーピング・ゾーニング・フェイング）
　　（3）オペレーション支援
　　　　①発注・補充業務
　　　　②陳列（ディスプレイ）・補充
　　　　③LSP（labor scheduling program）
　　　　④POSシステム、ID-POSシステム
　　　　⑤ABC分析、FSP分析
　　　　⑥店舗要員の教育・訓練・指導
　　（4）販促支援
　　　　①インストア・プロモーション
　　　　②販促企画、52週MD提案
　　　　③ポイントカードサービス、クーポン
　　（5）物流支援
　　　　①調達物流から店舗物流までの物流
　　（6）経営支援
　　　　①金融・保険サービス
　　　　②会計業務代行
　　　　③その他経営指導全般

第6章　卸売業の経営戦略

<図7-5. 店頭でショッパーが商品に出会うプロセスとRSSメニュー>

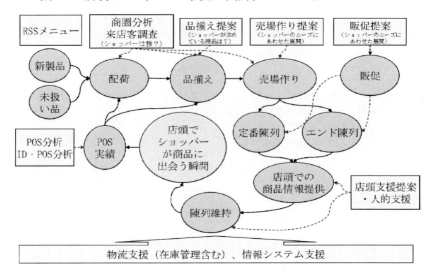

<図7-6. リテールサポート・メニュー概念図>

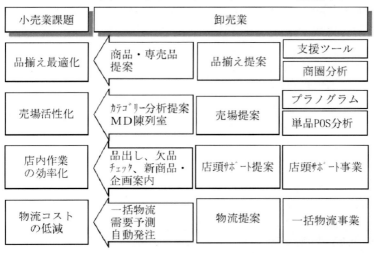

第5節　リテールサポート

<図7-7. 商圏分析（立地・店舗軸での分析例）>

　地域のお客様に必要とされるお店作りの為、商圏分析ツール等を活用した店舗軸での品揃えを提案します。商圏内にどのような消費者がいるのかを知り、マーケティングの基本である配荷を適切に行うには、立地・商圏分析は必須です。

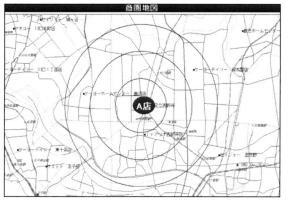

<商圏分析の例示>
国勢調査を軸に"半径1km"で見てみますと、人口は、老齢者の比率が高目。住宅比率はほぼ平均値の31%。平均世帯人数は2～3人。
従って、老夫婦世帯が高い地域です。

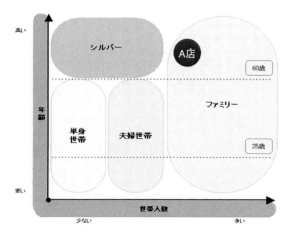

【仮説】
対象世帯への品揃え
・ペットフード
・石鹸（浴用、洗顔用）
・化粧品（高年齢）
・男性ヘア化粧品（整髪、養毛）
・日用品全般
・入れ歯ケア品
※全般的にノーマルな品揃え
※里帰り期の需要拡大（販促）
品揃え検討
・ベビーオムツ
・大容量日用品
・若年層対象商品全般

出所：国勢調査（5年毎）、家計調査年報（1年毎）

第6章　卸売業の経営戦略

4．機能カテゴリー・コントラクター

リテールサポートの考え方の中に、**機能カテゴリー・コントラクター**という独自な考え方があります。

1）機能カテゴリー・コントラクターとは何か

- 機能カテゴリー・コントラクター（Functional Category Contractor, FCCと略す）は、卸売機能である商流、物流、情報流、金融流を成り立たせている一つひとつの機能（業務プロセス）を担っています。
- これら一つひとつの機能を「**機能カテゴリー**」と称し、事業単位とします。例えば、仕入、営業、物流、受発注・決済・管理事務、店頭管理といった業務プロセスを機能単位にして、事業単位とします。

2）機能カテゴリー・コントラクターの役割

- 機能カテゴリー・コントラクター（FCC）は、「供給最適化」と「需要創造」をベースに、サプライチェーンの全体最適を推進するコーディネーターです。したがって、機能カテゴリー・コントラクター（FCC）は、サプライチェーンにおける卸売業としての役割を発揮します。
- 消費者に新しい価値の創造と提供を行うマーケティング活動を行います。
- 消費者志向のマーケティング改革を図ります。
    - 商品の品揃え
    - 商品の開拓・開発
    - 商品の育成（インストア・マーケティングよるショッパーへの情報提供）
- 消費者志向の流通チャネルの改革を図ります。
    - 業態開発の提案
    - 買場変化の先取り（ネットチャネル等）

248

第5節　リテールサポート

3）サービス内容

　取引先が、核事業に集中できる体制づくりに貢献します。

　即ち、メーカーの販売機能や、小売業の購買機能を代行します。

　卸売機能を最高の品質と価格で提供します。

4）フィービジネス

　小売業やメーカーに提供する「機能カテゴリー」は、機能毎に事業化していますので、機能一つひとつに、明確な価格メニュー（メニュープライシング）を設定し、フィービジネスにします。

　メニュープライシングという手法で、透明性のある取引形態を実現し、取引先に納得性の高い取引を目指します（第3章第4節「マージンビジネスからフィービジネスへ」69～73頁参照）。

<図7-9. 機能カテゴリー・コントラクター概念図>

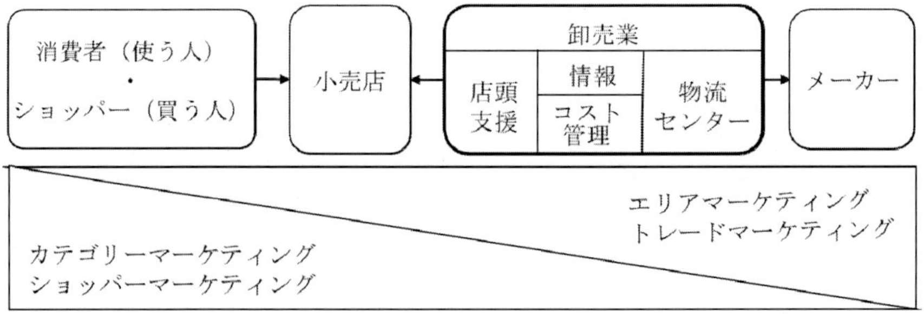

　メーカーが期待するエリアマーケティングを実現するには、卸売業としてエリアに関する全小売業各企業の帳合と、そのカテゴリーと売場を全面的に取引していることが求められます。

第6章　卸売業の経営戦略

<図7-10. 機能カテゴリー・コントラクター体系図>

需要の創造「収益の改善」

機能メニュー	売場分析	販促立案	フィールドサポート	CRMサポート
メニュー内容	商圏分析 来店客分析 POS分析 レイアウト分析 レイアウト提案 棚割分析 棚割提案	エンド・プロモーション チラシ計画 販促ツール提供	本部情報伝達 店頭情報収集 市場調査 販促物設置 棚替作業 販売支援	顧客分析 デシル分析 関係分析 販促支援
営業サポートツール	CMTプログラム 棚割モデル DARMS POSクイック 各種POG	生活カレンダー 52週プロモーション 情報誌 TVCMリスト 販促物リスト	メニュー プライスリスト 《基本・ オプション》	カスタマー・ スキャン マップ・ス キャン

供給の最適化「コストの削減」

機能メニュー	物流代行	調達支援	オペレーションコスト削減	サプライサポート
メニュー内容	一括物流 二次卸倉出	カテゴリー別 一括供給 SMフルライン 二次店化粧品 ネット調達	カテゴリー納品 自動発注 EDI／流通BMS 店内業務分析 在庫適正化	受注代行 売掛回収代行 マスター管理 棚割管理 リベート管理 予算管理
営業サポートツール	物流受託プログラム 二次卸倉出	調達メニュー 日用雑貨 化粧品 家庭雑貨 医療衛生	カテゴリー納品プログラム CPFR EDI開発プログラム 店内作業ABC	サプライサポート マスター共有システム 棚割り管理システム 販売管理システム

250

5. リテールサポートと人材育成

　リテールサポートには、高い専門性と幅広いノウハウが必要です。高度化した知識体系の中で、一人で全てやりこなすというのではなく、組織的にチームを組んで、対応をしていくことになります。

(1) リテールサポート機能を支える知識体系

体験的な知識体系	販売士1級	中小企業診断士
A. 出店戦略・立地調査 B. 店作り C. 品揃え・売場作り D. 店内作業 E. 売場の数字 F. マーケティング G. システム概論 H. 物流概論・共同配送物流 I. 損益管理 J. マネジメント	1. 小売業の類型 2. マーチャンダイジング 3. ストア・オペレーション 4. マーケティング 5. 販売・経営管理	第1次試験 ・経済学・経済政策 ・財務・会計 ・企業経営理論 ・運営管理 ・経営法務 ・経営情報システム ・中小企業経営・中小企業政策 第2次試験 ・事例問題（4問）

(2) 育成の考え方

　育成の基本は、意識形成、知識・技能の教育・訓練、ＯＪＴの三本の柱で考えていくことです。

<図7-11. 教育体系の基本柱>

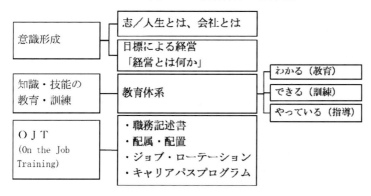

第6章　卸売業の経営戦略

（3）組織対応

　組織的にチームで対応するには、バタフライ型組織対応からダイヤモンド型組織対応に変えていくことです（図7-12）。

<図7-12. 組織対応の2タイプ>

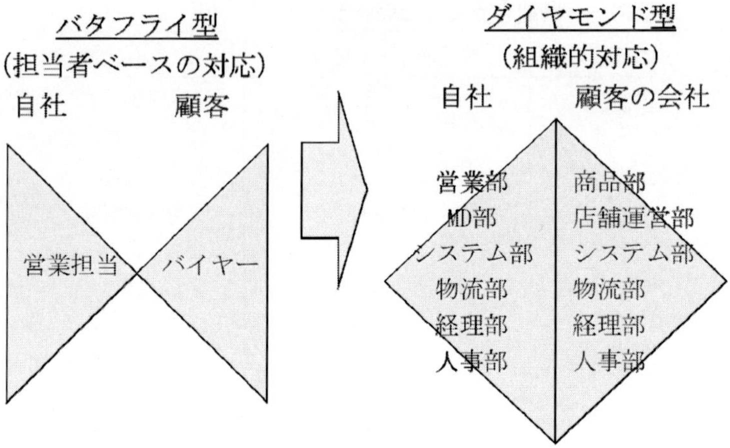

バタフライ型
（担当者ベースの対応）
自社　　　　顧客

営業担当　バイヤー

ダイヤモンド型
（組織的対応）
自社　　　顧客の会社

営業部　　　商品部
MD部　　　店舗運営部
システム部　システム部
物流部　　　物流部
経理部　　　経理部
人事部　　　人事部

（4）求める人材育成の方向

　企業としての対応は、ダイヤモンド型組織対応が基本となります。

　マネジメントを担当する人材（リーダー）は、マネジメントができ、リーダーシップがある人材で、顧客の課題に対して、社内の専門スタッフとチームを組んで課題解決を図るプロジェクトマネジメントができることが必要です。

　担当スタッフは、T字型人材が理想です。アンテナが広く（感受性が豊か）、いろいろな分野に関心があると同時に、自分の得意分野には専門性が深い人材です。

（5）教育者の四段階

　ウィリアム・ウォード氏（カナダ人、宗教家・教育者）は、教師について、次のように述べています。

252

第5節　リテールサポート

「凡庸な教師は、指示をする。
　いい教師は、説明する。
　優れた教師は、範となる。
　偉大な教師は、心に火をつける。」

　教師と生徒の関係は、マネジメントでは上司と部下の関係です。マネジメントでは、教師をマネジャーや経営者と読み替えれば、同じことが言えます。

（6）スキル対センス

　さて、スキルは、スキルを分解し、それぞれを教えることができます。リテールサポートで取り上げました知識体系はまさにスキルに当てはまります。したがって、上司によって部下を教育・訓練できます。部下の心に火をつければ部下は自らもっと前に進むことでしょう。

　経営者はどうでしょうか。経営者は、自ら火をつけないといけない立場です。商売（経営）に関わる全てを動かして利益を出すのが経営者です。この立場では経営に関するスキルはあって当たり前ですが、経営センスがあるかどうかだと考えています。なぜ、センスなのでしょうか。担当者（スキル）と経営者（センス）では求めることがまるで違います。機能要素に従える担当の立場と全体観をもって利益を考える立場との違いです。全体観は教えるに教えられない領域です。経営者候補は、経営センスがありそうな人材に目をつけて早めに、経営を経験させることでしょう。

　本人の意識に「**好きこそものの上手なれ**」が当てはまるかどうかです。本人が好きなことと嫌いなことでは、1年365日の過ごし方で真逆になります。好きなことは、**1．01の法則**（$1.01^{365} = 37.8$）を活かすことができます。嫌いなことですと、**0．99の法則**（$0.99^{365} = 0.03$）になります。自ら切り開いて、皆を巻き込んでいくタイプでないと、経営は難しいでしょう。

第6章　卸売業の経営戦略

第6節　機能の事業化

1．機能の代行化に当り

　卸売業は、本来、事業化が可能な機能をいろいろと備えていますし、実際に経営活動をしています。卸売業は、メーカーとの間で果たしている機能や、リテールサポートで見てきましたように小売業との間で果たしている機能があります。

　メーカー機能の内、メーカーに代わって小売業への販売代行があります。但し、小売業への販売は本来代理店としては基本業務です。チェーンストア機能の内、チェーンストア商品部や店舗に係る機能代行等があります。

　これらの機能は、製・配・販の各社の間で機能が重複しておりますので、各社の組織が重複し、人件費という固定費になって、コストを押し上げています。

2．卸売業の機能と事業化

　卸売業が、自らの機能を事業化するとしたら、メーカー機能の代行と、小売業の代行があります。

①メーカーの商品販売のエリアにおける代行や、機能上のマーケティング機能、販売機能と物流機能を代行して、メーカーには商品開発や生産に集中していただくことがあります。本来の総代理店の機能を果たすことです。

②チェーンストアの経営機能の代行をします。

　・本部の商品部に代わって仕入代行をして、品揃え・売場作り・販促活動を行います

　・店舗運営では商品の補充・陳列・販促・代金決済の代行を行います。

　・今日では共同配送事業としてチェーンストア自ら調達物流を手掛けていますが、調達物流の代行があります。共同配送事業は次節で詳述します。

254

第6節　機能の事業化

<図7-13. 卸売業の機能と事業化>

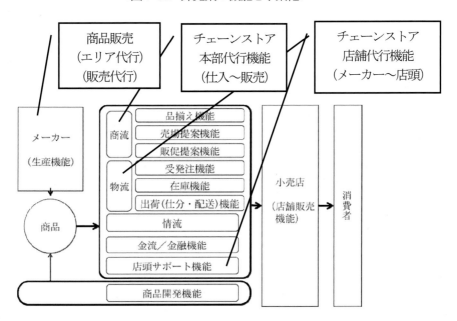

3．事業化と利益

　機能の事業化では、提供する機能を顧客にどうやって機能として納得させ、利益にするのかです。ともすると、提供される機能（サービス）は、無料との考えが色濃くある日本では、それが課題になります。

　従来通りに納入価格に含まれるものとして取り扱えば、提供する機能は、事実上、無料になります。なによりも顧客は提供される機能に気づかないか、もしくは、サービス（無料）の一環として受け止めるだけかもしれません。現在の会計制度では、調達コストは、仕入原価に算入されます。顧客が納得するだけの付加価値がある機能であることが、有償化になり、機能の事業化になります。

　取引制度や取引価格の体系から見直すことが必要になります。提供する機能毎に価格設定をして提供する「**メニュープライシング方式**」があります。即ち、納入価格に含まれるというマージンビジネスの考え方から、**フィービジネス**にする手法です。機能を透明性のある取引形態にして、かつ価格体系をコストオン方式にして始めて可能になります。

255

第7節　共同配送物流

1．センター納品形態

　センター納品の類型としては、ＴＣ型（店別と総量型）と在庫型があります。現在の主たるセンター納品は、ＴＣ型です。

　センター納品が、卸売業の経営にもたらしたことは、通過型センターの料率負担です。加工食品卸売業は3％台前半、酒類卸売業は2％台前半、日用雑貨品卸売業は3％台前半でした[1]。卸売業は、損益計算書の販売管理費の中に、3％前後の費用が計上されていることになり、卸売業の粗利が12～15％の状況では、収益に与える影響度は高過ぎます。一方、小売業は、センターフィーから差益を得ています。但し、差益を取っていない小売業もあります。

<図7-14．センター納品の類型>

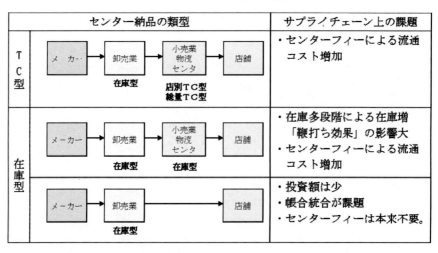

注1）「センターフィー問題の本質と解決策」寺嶋正尚著『LOGI・BIZ MARCH2008』

第7節 共同配送物流

　物流センターの機能要件から、小売業の物流センターの物流形態を比較したのが下表です。機能要件からは、店舗作業の効率化、在庫適正化、サプライチェーン全体のコスト削減等には、卸売業が運営する在庫型センターが適しています。

<表7-7. 物流センターの機能要件とセンターの物流形態>

物流センター機能要件	センターの物流形態		
	ＴＣ店別型	ＴＣ総量型	在庫型（ＤＣ）
①店舗発注・納品リードタイム	短縮困難	短縮困難	短縮可
②店別定時一括納品	可	可	可
③センターでの集中単品検品	可	可	可
④店別カテゴリー別仕分	困難	可 自由度小	可 自由度大
⑤物流ＥＤＩによるデータ交換、センターでの仕入確定業務	可	可	可
⑥メーカー～店舗までのトータル物流費削減	困難	困難	可能性　大

　既述していることですが、卸売業を介した取引の方が、「取引総数単純化の原理」に従って、物流は効率的です。

<図7-15. 取引回数モデル比較>

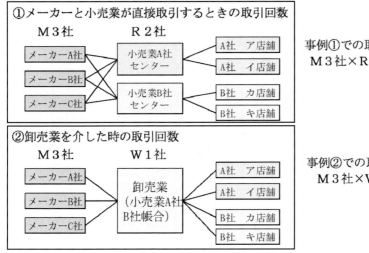

第6章　卸売業の経営戦略

2．店舗物流

　卸売業が行う共同物流の根幹は、**店舗物流**を行うことです。店舗物流は、**ロジスティクスとマーチャンダイジングの統合**にその目的があります。つまり、店頭までの軒先渡しの物流から、**店舗の品揃え・品出しに貢献する物流**に変わることです。

　①店舗作業の効率化を図ること、②店舗在庫の適正化を図ること、③物流センターの目的、④物流センターが具備する物流技術と情報技術について、以下に述べます。

1）店舗作業の効率化を図るには

　店舗作業と人件費の関係については、図7-16を参照ください。発注・納品・検品・売場搬入・補充陳列の作業について、人件費が75％投入されています。したがって、店内作業の合理化が課題になります。

<図7-16．店舗作業と人件費>

店舗作業	人件費構成比
1．荷受・検品・運搬	35％
2．パッキング・値付け・補充陳列	30％
3．発注事務	10％
4．売場事務	5％
5．応対	10％
6．その他（カウンター、クリンリネスなど）	10％
計	100％

店舗作業一覧

仕入計上	発　注
接客	納　品
レジ	検　品
	売場搬入
	補充陳列

出所『経営情報』98年3月号
　　『一括物流の展開とABC活用による小売物流の効率化に関する研究調査報告書』流通政策研究所98年3月

258

第7節　共同配送物流

　店舗作業毎の合理化の方法を検討しているのが、図7-17です。即ち、

①荷受・検品・運搬には、店舗での単品検品に変わって、物流センターでのピッキング精度向上によって店舗納品時に口数検品で行えるようにします。

②パッキング・値付け・補充陳列では、店別カテゴリー別（部門別）仕分をして、納品するようにします。値付けは、定番の陳列棚であるゴンドラの棚札を整備することで値付けをやめます。

③発注事務は、人手による発注から、定番自動補充システムによります。

④仕入計上は、ＥＤＩによって自動計上します。

<図7-17. 店舗作業と作業の改善案>

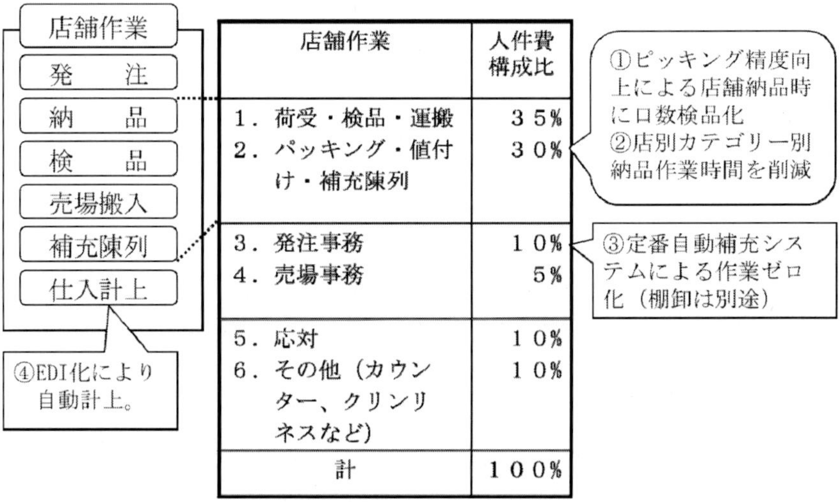

店舗作業	人件費構成比
1. 荷受・検品・運搬	35%
2. パッキング・値付け・補充陳列	30%
3. 発注事務	10%
4. 売場事務	5%
5. 応対	10%
6. その他（カウンター、クリンリネスなど）	10%
計	100%

店舗作業
発　　注
納　　品
検　　品
売場搬入
補充陳列
仕入計上

①ピッキング精度向上による店舗納品時に口数検品化
②店別カテゴリー別納品作業時間を削減

③定番自動補充システムによる作業ゼロ化（棚卸は別途）

④EDI化により自動計上。

（1）カテゴリー納品（部門別納品）

　店舗の補充作業範囲を適正化し、補充・陳列作業の生産性を上げます。補充範囲の適正化がミソです。あまりに補充作業範囲を細分化しますと、オリコンに入っているピース数が少なくて、ガラガラのオリコンになります。

　店別通過型物流から、総量納品型又は在庫型物流にします。物流センターで、店別カテゴリー別仕分を行い、店舗一括納品をします。

259

第6章　卸売業の経営戦略

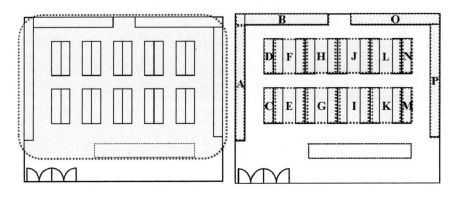
<図7-18. 店別納品とカテゴリー納品の比較>

顧客によっては、店舗作業の生産性が30％向上と公表しています。
（出所 "2020 AIM　1997/9 VOL148"）

（2）LSP
　店別カテゴリー別店舗納品を行い、店内の作業効率を上げるには、店内作業のLSP（Labor Schedule Program）の確立が条件になります。納品時刻と店内作業の同期化を図り、LSPによる店内作業計画を立案し実践することです。

2）より生産性を上げるには、「取引条件」の見直し
　小売業別物流コスト算出（ABC activity based costing、146～149頁）によると「ケースとピースの出荷構成比」で物流作業費が違うことを説明しました。ピース比率が高ければコストが高くなります。発注単位を見直すことです。

3）店舗在庫の適正化を図るには
　定番発注作業に自動補充システムを採用します。定番発注作業を簡素化し、物流センターの在庫と合わせて店舗在庫の適正化を図ります。

第7節　共同配送物流

①現状の店舗発注作業の課題

　店舗規模により違いますが、陳列2万アイテムの発注を従業員（6人～18人）では、発注モレが発生しがちです。発注数は、棚の残数を見ながら、担当者が経験的に決めますので、売行にマッチした発注数になっているとは限りません。担当者によっては、素晴らしく能力の高く、よく売り行き動向を単品毎に見ている方がいます。一方で、強気と弱気の方がいますので、発注数は担当者次第になります。単品毎の売れ行き傾向を見る仕組みにするべきでしょう。

②店舗在庫の適正化（欠品と過剰在庫を同時削減）には、自動補充システムによる支援が不可欠です。今後、自動発注のレベルを上げていくにはＡＩ（人工知能）化が必要になってきます。

③研究事例

【概況】ドラッグストア店舗：売場面積300坪

　　　　陳列アイテム26，313SKUの売上数分析

　　　　1週間に1本以上売れるアイテムが、9，919アイテム（38％）

　　　　1週間に1本も売れないアイテムが、16，394アイテム（62％）

【課題】①動きの良い約1万アイテムが、欠品もせず、売行きに応じた適正在庫
　　　　　をいかに維持するか。

　　　　②C品や微動品は見せる在庫以上には不要ですので、在庫の適正化を
　　　　　如何に図るかです。

【対策】発注業務の簡素化や経験と勘による発注から、自動補充システムの導入
　　　　により、店舗在庫の削減と、運転資金の圧縮を図ることです。

<表7-8. 事例におけるアイテム数と売上構成比>

項目	A品	B品	C品	微動品	計
	1日1本以上売上	1週間に1本以上、1日1本未満売上	1週間1本未満売上		
アイテム数	1,995	7,924	14,130	2,264	26,313
売上数構成比	7％	31％	53％	9％	100％

第6章　卸売業の経営戦略

4）物流センターの目的

　物流センターの目的は、店舗作業の効率化及び、店舗在庫適正化にあります。こうした目的に対して、店舗での作業効率化要件と、それを実現するために必要な物流センターの機能要件をまとめておきます。

<表 7-9. 店舗作業効率の要件と物流センター機能要件>

店舗作業効率化要件	物流センター機能要件
①消費期限管理ルールに基づく品質保証	①消費期限管理システムで、物流センター入荷時・店舗納品時に管理
②定番発注業務の自動化	②定番自動補充システム
③ピッキング精度保証による店舗納品効率化	③物流センターで、ピッキング時に単品数量を検品し、納品します。
④店舗規模別のカテゴリー納品による品出作業の効率化	④店舗規模別カテゴリー別分類をして、納品します。
⑤店舗よりの返品作業の簡素化	⑤物流センターで取引先別仕分返品をして取引先に戻します。

5）物流センターで具備する物流技術と情報技術

　物流センター機能要件をまとめましたが、それを達成するために必要な物流技術及び情報技術には、次のようなものがあります。各技術の具体的な内容は、図7-19（次頁）を参照ください。

第7節　共同配送物流

<図7-19. 物流系技術と情報系技術>

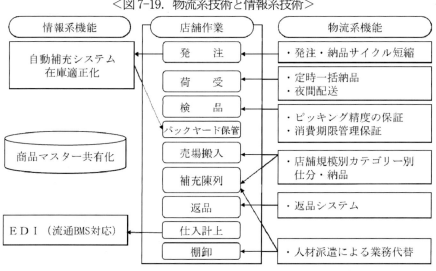

3．サプライチェーンの総物流費比較

　サプライチェーンの総物流費を比較するために、モデルを二つ設定します。モデルで比較検討する限り、サプライチェーン上、卸売業の在庫型物流を活用する方が、明らかに低コストになります。

モデル①：小売業がセンター運営するモデル（現行のスタイル）

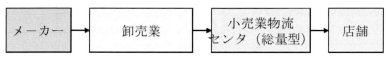

モデル②：卸売業が同等のサービスレベルの運営するモデル

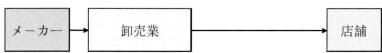

第6章　卸売業の経営戦略

<試算前提>

・商品1口（1ケース、1オリコン）当たり出荷額　5千円／口とします。

・物流費の試算範囲：メーカー、卸売業、小売業の各企業における庫内費（作業費及び、設備投資等含む）と輸配送代（配送費）を、出荷数量で1口換算した値とします。

・金額は筆者経験値によります。

<評価>

モデル①の総コスト　1口当たり520円です（表7-10）。

モデル②の総コスト　1口当たり400円です。

・両モデルの単位当り総コスト差は、120円／口になります。

・物流費対売上比率の差は、2．4％になります。

<表7-10. モデルのコスト比較>

モデル	メーカー		卸売業			小売業		合計
	庫内費	輸送費	庫内費	配送費	センターフィ	庫内費	配送費	
①TC型コスト	120円	50円	125円	60円	165円	（75円）	（90円）	520円
比率	3.4 %		3.7 %		3.3%	（3.3%）		10.4%
②在庫型コスト	120円	50円	140円	90円	0	0	0	400円
比率	3.4%		4.6 %					8.0%

第7節　共同配送物流

4. 共配の事業特性と戦略

　共配事業で、築くべき競争優位は何かと言えば、戦略上の優位性マトリックス（「優位性構築の可能性」と「競合要因選択肢の幅」）において、どのスタイルをとるかです。

<図7-20. 優位性マトリックス>

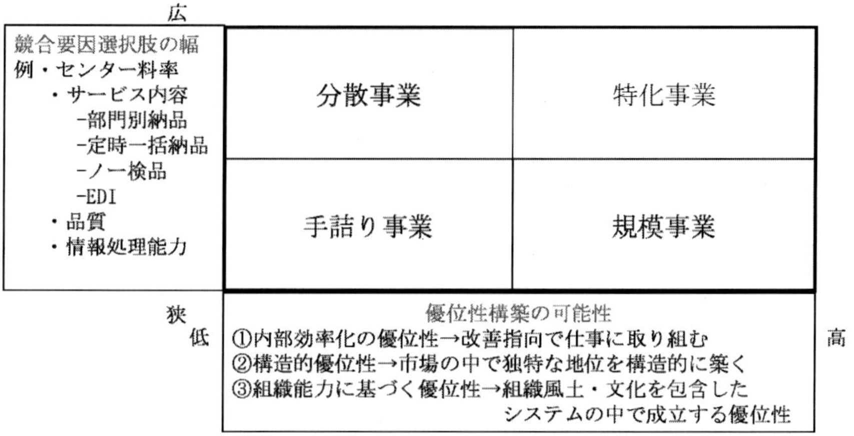

	広	
競合要因選択肢の幅 例・センター料率 　・サービス内容 　　-部門別納品 　　-定時一括納品 　　-ノー検品 　　-EDI 　・品質 　・情報処理能力	分散事業	特化事業
	手詰り事業	規模事業

狭　　　　　　　　　　　　優位性構築の可能性
低①内部効率化の優位性→改善指向で仕事に取り組む　　　　　　　　高
　②構造的優位性→市場の中で独特な地位を構造的に築く
　③組織能力に基づく優位性→組織風土・文化を包含した
　　　　　　　　　　　　　　　システムの中で成立する優位性

①築くべき競争優位は何か

　A. 構造的優位性として、市場の中で独特な地位を構造的に築きます。

　　　例：特定市場での高いシェアを保有、パテントに守られた技術を保有等

　B. 組織能力に基づく優位性として、エンジニアリングと運営する能力を築きます。

　　　・エンジニアリングは、能力サービス内容、品質、コストに関わります。

　　　・運営する能力は、品質、コストに関わります。

②物流事業で、**「構造的優位性」**を成長させていくには、**「組織能力 に 基づく優位性」**が重要です。物流は仕組みを企画・設計するのも、それを運用するのも、人です。成果は、両方を**摺り合わせる組織能力**が決めます。

265

第６章　卸売業の経営戦略

参考文献

『ストーリーとしての競争戦略 優れた戦略の条件』楠木建著 東洋経済新報社

『ホンダイノベーションの神髄』小林三郎著 日経ＢＰ社

『経営理論大全 すぐ使える最強のビジネスセオリー』J. マクグラス、B ベイツ著 藤井清美 訳 朝日新聞出版

『経営戦略全史』三谷宏治著 ディスカヴァリー・トゥエンティワン

『経営学大図鑑』I. マルコーズ著 沢田博訳 三省堂

『ゲーム・チェンジャーの競争戦略』内田和成編著 日本経済新聞出版社

『ビッグデータの衝撃 巨大なデータが戦略を決める』城田真琴著東洋経済新報社刊

『経営実務で考えたマネジメントとリーダーシップの基本』尾田寛仁著 三恵社

著者プロフィール

尾田 寛仁 （おだ ひろひと）

1948年 山口県に生まれる
1971年 九州大学法学部卒業
1978年 九州大学経済学部会計学研究生修了
1971年～1976年 日本ＮＣＲ株式会社。プログラム開発、客先システム設計及び、営業エンジニアに従事する。
1978年～2006年9月 花王株式会社。販売を18年間、物流を9年間、及び経営監査を1年半、順次担当する。販売では、販売職、販売教育マネジャー、販売TCR担当部長、東北地区統括兼、東北花王販売株式会社社長を経る。
物流では、ロジスティクス部門開発グループ部長として、物流設備や物流システム開発部門を担当する。並びに、花王システム物流を1996年に設立し、副社長・社長に就任する。
経営監査は、経営監査室長として花王の内部統制の構築を行う。公認内部監査人（CIA）の資格を取得する（IIA認定国際資格、認定番号59760）。
公務では、金融庁より企業会計審議会内部統制部会作業部会の委員に任命され就任する（2005年9月～2006年9月）。
2006年10月～2014年12月 中央物産株式会社。専務取締役に就任。物流本部長、管理本部長及び営業本部長を順次所管する。
2015年1月 物流システムマネジメント研究所を設立し、所長となる。
同年7月、日本卸売学会理事に就任する。
2016年5月、日本マテリアル・ハンドリング（ＭＨ）協会理事に就任する。

著書：
『製配販サプライチェーンにおける物流革新　企画・設計・開発のエンジニアリングと運営ノウハウ』三恵社2015年2月、『経営実務で考えたマネジメントとリーダーシップ』三恵社2015年4月、『物流エンジニアリングの温故知新』三恵社2015年12月

Ｅメール：hirohitooda@yahoo.co.jp
携帯電話：090-5396-2955

卸売業の経営戦略課題

2016年6月23日　　初版発行

　　　　　著　者　　尾田 寛仁

発行所　　株 式 会 社　　三 恵 社
〒462-0056 愛知県名古屋市北区中丸町2-24-1
TEL 052（915）5211
FAX 052（915）5019
URL http://www.sankeisha.com

乱丁・落丁の場合はお取替えいたします。　　　　　　　　　　　©2016 Hirohito Oda
ISBN978-4-86487-531-8 C2034 ¥2600E